Gebete zum Leben

Gebete zum Leben

Herausgegeben von
Helmut Ludwig

Claudius Verlag

CIP-Titelaufnahme der Deutschen Bibliothek

Gebete zum Leben / hrsg. von Helmut Ludwig. –
2. Aufl. – München: Claudius-Verl., 1990
ISBN 3-532-62076-6
NE: Ludwig, Helmut [Hrsg.]

2. Auflage 1990

Umschlaggestaltung: Werner Richter
Satz: Filmsatz Schröter GmbH, München
Druck: Jos. C. Huber, Dießen
Bindung: Thomas-Buchbinderei, Augsburg
ISBN 3-532-62076-6

Pfarrerin
Karin Ludwig-Heiderich,
meiner Tochter,
gewidmet

Inhalt

Vorwort

Oft bestimmen Tempo, Streß, Terminzwänge und Vorhaben unseren Tagesablauf und treiben uns ruhelos um. Einhalten, Luftholen, Zeit der Stille bleiben dabei nicht selten auf der Strecke. Wir fühlen uns getrieben und wissen, daß uns mit dem Verlust der Stille Wichtiges verloren geht. Ein Motor ohne Einhalt und Pflege ist eines Tages überdreht und wird defekt. Ein Mensch ohne Stille und Ausspannen überzieht seine Kräfte und Möglichkeiten, verschleißt und gehört eines Tages zum »alten Eisen«. Viele Krankheiten unserer Zeit und Zivilisation haben im Verlust der inneren Mitte und der Stille ihre eigentliche Ursache.

Einhalten, Durchatmen, Zeit der Stille – das alles muß sein und gehört zum sinnvollen Leben. Stille vor Gott, wenn möglich jeden Tag, erst recht in Krisensituationen: So viel Zeit muß sein, damit wir uns nicht selbst verlieren! »Gebete zum Leben«, eine Sammlung von Zeiten der Stille und Zwiesprache mit Gott, stellt den Versuch dar, uns im Unsinn des gestreßten Tageslaufs, in dem uns die Zeit unseres Lebens wie Sand durch die Finger rinnt, einhalten zu lassen und Stille zur Zwiesprache, zum Gespräch mit Gott zu finden. So viel Zeit muß sein! Nicht zuletzt auch um unseretwillen! »Gebete zum Leben« enthält ein breitgefächertes Angebot für Freud und Leid, Gesundheit und Krankheit, Jugend und Alter, Leben und Tod, Dankbarkeit und Trauer. Das Buch will dem Gebet Sitz und Zeit in unserem Dasein verschaffen und uns so zu sinnvollem Leben ermutigen. Alle Gebete sind kurz und beanspruchen wenig Zeit, gemessen an der Zeitverschwendung, die wir Tag für Tag mit weniger sinnvollen Dingen betreiben. Wenigstens einmal am Tag sollten wir durchatmen und zur Stille finden.

Seitdem die Christenheit betet, gibt es verschiedene Stilformen und Sprachmöglichkeiten; unterschiedliche Anreden Gottes in Lobpreis, Bitte und Dank, in Fürbitte und Eigenbitte um Gottes Gnade, d. h. Zuwendung an uns. Kirchengebete und Liturgien reden anders mit Gott als der Schrei des Menschen in Angst, Not und Tiefe. All diese verschiedenen Formen und Sprachebenen sind erlaubt und stehen unter der Zusage, daß Gott uns hören und, wenn er es für richtig hält, uns auch erhören will. Die nachstehenden Gebete wollen Hilfen und Anregungen sein, in vielen Lebenslagen und persönlichen Situationen mit Gott ins Gespräch zu kommen und in Verbindung zu bleiben.

Helmut Ludwig

Wochenkreis

Meine Zeit
steht in deinen Händen

Psalm 31,16

Sonntag
Ohne Sonntag arm

Herr, wie arm sind alle, die keinen Sonntag haben,
und die, die den Sonntag ohne dich feiern.
Hilf ihnen doch.
Laß die Gotteshäuser immer mehr
zum Sammelpunkt werden für alle, die dich suchen,
die dich lieben.
Vergib es uns, daß wir es mit dem Hören
auf dein Wort oft viel zu leicht genommen
und daß wir uns so wenig zu dir bekannt haben.
Wir haben nicht treu genug die Gemeinschaft
gepflegt mit denen, die dich lieben.
Mache uns das Bibelbuch recht lieb.
Ich danke dir, daß wir Spuren
deiner Allmacht und Herrlichkeit
schauen dürfen in Feld und Wald,
in Blumen und Tieren.
Ich danke dir, daß wir dich noch besser erkennen,
ja, dir ins Herz schauen dürfen,
wenn wir dein Wort hören.
Wer Jesum hört, hört dich reden.
Wer Jesum sieht, sieht dich.
Laß deine Gemeinde bei dir Vergebung,
Leben und Seligkeit finden.
Lehre uns, recht Sonntag feiern.

Johannes Dienemann

Sonntag
Herr, sage mir, was ich tun soll

Herr, sage mir, was ich tun soll.
Du bist ja der Herr meines Lebens.
Aufgabe, Zweck und Ziel des Lebens
bestimmst du allein.
Gib mir offene Ohren,
daß ich höre, was du befiehlst.
Gib mir offene Augen,
daß ich die Arbeit sehe,
die du mir zuweist.
Lehre mich »nein« zu sagen zu allem,
was mich abhalten will,
deinen Willen zu tun.
Lehre mich »ja« zu sagen, wenn es gilt,
andere Wege zu gehen, als die meisten gehen.
Auch schmale und steile Wege
laß mich getrost gehen.
Führe mich, o Herr, so
daß ich das Ziel, das ewige Leben
nie aus den Augen verliere.
Was ich denke, rede und tue,
soll dienen zu deiner Ehre
und meiner Seelen Seligkeit.

Johannes Dienemann

Sonntag
Der Tag des Herrn

Wie verschieden sind meine Tage
von denen des Herrn!
Es sind »meine« Tage, weil ich sie zu den meinen
gemacht habe;
berauscht von einem vermessenen Drang,
meine Geschichte selbst in die Hand zu nehmen,
habe ich den Herrn verlassen.
Da er an jedem Ort ist,
mächtig und allgegenwärtig,
war, was ich erwählte, der Kerker,
die Finsternis der Unwissenheit;
an meinen Gliedern trage ich
die Ketten der Sterblichkeit.
In diesen Tagen
habe ich meine Stimme erhoben:
Führe meine Seele
heraus aus der Finsternis!
Am Tag des Heils,
den er mir schenkte,
habe ich seine Hilfe erfahren.
Das Seufzen der Gefangenen
ist zu ihm gedrungen.
In den Tagen, welche die meinen waren,
umgaben mich die Schmerzen des Todes,
die Gefahren der Unterwelt bedrohten mich.
Sie wären mir nicht begegnet,
wenn ich nicht in die Irre
gegangen wäre, fern vom Herrn.
Sie kamen mir entgegen
und erfaßten mich,

doch ich sah es nicht,
weil die Lüste der Welt
meine Freunde waren.

Augustinus

Sonntag
Bitte für den Pfarrer

Wie oft singen wir gedankenlos die Worte »und mit deinem Geist« und denken nicht daran, daß derjenige, der im Namen Gottes vor uns steht und in unserem Namen – mit uns! – vor Gott steht, unsere Fürbitte und unseren Segen nötig hat.

Herr Jesus Christus, ich bitte dich für diesen Pfarrer, der heute mit uns betet und uns dein Wort weitergibt: Gib ihm Mut, Freude und Bereitschaft für seinen Dienst! Erfülle seinen Geist mit deinem Heiligen Geist!

Am Sonntag Abend
Du hast heute zu mir gesprochen

Der Herr hat mir das Ohr geöffnet, so daß ich auf ihn höre wie ein Jünger. Ich widerstrebe nicht und weiche nicht. Jes 50,4f

Dank sei dir, himmlischer Vater für diesen deinen Tag. Du hast heute zu mir gesprochen. Hilf mir, daß ich nicht nur mit meinen Ohren höre, sondern dein Wort in meinem Herzen erwäge und festhalte. Ich möchte gern, was du uns heißt, vollbringen und ein Leben zu deiner Ehre führen. Gib du mir die Kraft dazu und geleite mich durch diese neue Woche. In deine Hände empfehle ich mich und die Meinen in dieser Abendstunde. Sei du unser Schutz.

Wir schreiten in die Welt hinein
als deine Jüngerschar.
Uns führet deiner Gnade Schein,
der Segen vom Altar.
Dein sind wir, Herr, zu aller Zeit,
erkauft mit deinem Blut,
zu deinem Dienste froh bereit:
Verleih uns Kraft und Mut!

Klara Bühler

Montag
Unser Leben ist mehr als Essen und Trinken

Herr, wir spüren immer wieder, daß unser Leben mehr ist als Essen und Trinken, Freude und Leid.

Wir haben Pflichten.
Wir tragen Lasten.
Auf uns liegt Verantwortung.
Uns fällt nichts in den Schoß.
Wir werden bedrängt und haben es oft nicht leicht, anständig durchs Leben zu kommen.

Manchmal möchten wir am liebsten alles hinwerfen. Doch dann erfahren wir, daß unser Leben durch Arbeit und Verantwortung innerlich reicher wird. Du hast es so geordnet, daß jeder, der verantwortlich handelt, nach und nach begreifen lernt, was es mit Christi Kreuz und Auferstehung auf sich hat.

Immer wieder zeigst du, daß wir Menschen in deinem Wirkungsbereich leben und arbeiten. Laß uns erfahren, daß auch wir hineingenommen sind in das Kraftfeld deiner Liebe, das uns errettet von innerer Leere, von Sinnlosigkeit und Langeweile, von Dumpfheit und Chaos. Dafür danken wir dir und deshalb bitten wir dich, entziehe uns auch in Zukunft deine Zuneigung nicht.

Dienstag
Ich habe Angst und Fragen

Dir kann ich es sagen, mein Gott:
Ich habe Angst,
oft, immer wieder:
Fragen – ich weiß keine Antwort,
Probleme – ich sehe keinen Ausweg,
Menschen – ich verstehe sie nicht.
Ich fühle mich überfordert.
Du mußt mir helfen.
Ich bitte dich, Gott:
Nimm mir die Angst.
Gib mir ein ruhiges Herz
und klare Gedanken.
In deiner Kraft
will ich reden und handeln,
schweigen und leiden.
In deinem Frieden
laß mich geborgen sein
mitten im Kampf.

Mittwoch
Oft fehlt mir die Kraft

Allmächtiger Gott, du weißt,
wie oft mir die Kraft fehlt,
zu tun, was ich für recht erkannt habe.
Vergib mir das.
Du allein kannst helfen, steh mir bei.
Bewahre mich vor falschen Freunden.
Laß mich auf rechtem Wege bleiben,
auch wenn ich deswegen verspottet werde
und Schaden leiden muß.
Will ich mich rächen und zornig werden,
so halte meine Zunge im Zaum.
Laß mich Frieden halten
und als dein Kind dir Ehre machen.
Gewohnheitschristentum ist dir zuwider.
Führe mich mit ernsten Christen zusammen,
daß ich von ihnen lerne,
wie du mich haben willst.
Habe Dank, Herr, daß ich zu dir kommen darf
mit aller meiner Not.

Johannes Dienemann

Donnerstag
Schenke uns Brüder und Schwestern

Herr, ich danke dir, daß wir Gotteshäuser haben,
erhalte sie uns
auch in Zeiten der Bedrängnis und Gefahr.
Segne das Wort, das dort verkündigt wird,
an den Gleichgültigen, daß sie aufwachen,
an den Gläubigen, daß sie gestärkt werden,
an deiner Gemeinde, daß sie dich lobt,
an mir, daß ich dir näher komme.
Ich danke dir,
daß du immer wieder Menschen willig machst,
ein *Amt* in der Gemeinde zu übernehmen.
Ich bitte dich für alle,
die dein Haus pflegen und schmücken,
die die Gemeinde zum Singen und Beten anleiten,
die dein Wort der Jugend
und den Erwachsenen auslegen,
für alle, die unsere Kirche leiten.
Schenke uns Brüder und Schwestern,
die ihr ganzes Leben freudig in den Dienst stellen
an Armen und Kranken, an Witwen und Waisen.
Schließe alle die Deinen zusammen zu einer Kirche.
Herr, ich glaube an eine heilige christliche Kirche,
die Gemeinschaft der Heiligen.

Johannes Dienemann

Freitag
Maßstäbe

Vergib uns, Gott,
wenn wir ungeduldig sind
und unbeherrscht.
Setze uns Maßstäbe,
die meßgerecht sind
für unser Gegenüber.
Wir tragen Sorge
um unseren Nächsten,
den Mann,
die Frau,
das Kind,
den Bruder,
die Schwester.
Durch sie hindurch
lieben wir dich.
Unsere Tage reihen sich aneinander,
eine Kette von Perlen –
bunt und schillernd,
aber auch stumpf.
Wir bitten dich,
daß es nicht unnütze Tage sind.

Samstag
Die Zeit rennt

Mein Gott, die Zeit rennt!
Wieder eine Woche vergangen . . .
Wie ist sie gewesen?
Was habe ich geschafft,
was ist liegen geblieben?
Wem habe ich geholfen
und wen enttäuscht?
Ich bitte dich, Gott:
Gib mir ein waches Gewissen.
Hilf mir die Wahrheit erkennen
und ihr standhalten.
Sei mir gnädig.
Vergib mir meine Schuld.
Laß mich Frieden finden,
Frieden mit den anderen
und mit mir selbst.
Segne mich.

Samstag
Abendgebet

Bereitet dem Herrn den Weg. Denn der Herr kommt als Sieger. Jes 40,3.10

Habe Erbarmen mit mir, Vater im Himmel. Ich wollte dir gehorsam sein und in der Nachfolge meines Herrn und Meisters stehen. Aber wie kümmerlich ist mein Glaube und wie arm mein Bekennen in dieser Woche gewesen. Vergib mir, was mich von dir trennt. Laß mich nicht verzagen, sondern im Glauben schauen, wie du dennoch in der Welt und in meinem Herzen dir einen Weg bereitest. Einst werden es alle erkennen, daß du das letzte Wort zu sprechen hast. Tröste mich mit solcher Hoffnung.

Herr, erbarm, erbarme dich,
über uns sei stets dein Segen,
deine Güte zeige sich
uns auf allen unsern Wegen.
Auf dich hoffen wir allein,
laß uns nicht verloren sein.

Klara Bühler

Samstag
Zum Wochenschluß

Gott Lob! Die Woch ist auch dahin;
drum ich, mein Gott, dir dankbar bin,
daß ich die Zeit hab überlebt,
und deine Gnad noch ob mir schwebt.

Gott Lob für seine Güt und Treu,
die mir ist alle Morgen neu,
der mir beisteht durch seine Kraft,
der mir Trost, Rat und Hilfe schafft!

Was ich versehn, vergib, mein Gott,
durch deines Sohnes bittren Tod,
gib ferner Segen, Fried und Freud
und endlich deine Seligkeit!

Ehr sei dem Vater und dem Sohn,
dem heilgen Geist in einem Thron;
der heiligen Dreieinigkeit
sei Lob und Preis in Ewigkeit.

Freude

Lobe den Herrn, meine Seele,
und was in mir ist, seinen heiligen Namen!

Psalm 103,1

Dein Wort sagt deutlich,

ohne halbherzige Versprechen:
Wohl dem,
der sich einläßt
auf die Worte des Herrn.
Wohl dem,
der sie im Herzen bewahrt,
der sich von der göttlichen Weisheit
durchdringen läßt.
Wer deine Weisungen erfüllt,
wird alles vollbringen können,
weil das göttliche Licht
seine Schritte lenkt.
Es ist eine Freude, Herr,
sich auf deine Worte einzulassen,
wie einer, der sich von einem großen Strom
mitreißen läßt und keine Angst hat zu ertrinken.
Es ist eine Gnade,
deine Worte im Herzen zu bewahren;
das zeigt uns die Mutter deines Sohnes,
unsere Mutter.
Wir können uns von der Weisheit durchdringen lassen,
weise werden im schönsten Sinne des Wortes:
uns freuen an und in Gott!
Um deine Weisungen zu erfüllen,
braucht es vor allem deine Gnade,
die du uns niemals entziehst.
Sie wird unsere Schwachheit
immer begleiten
bis zu unserem letzten Atemzug,
bis mir,
verzeih, wenn ich das sage,
der versprochene Lohn zuteil wird.

Es würde unsere Demut gefährden,
könnten wir alles vollbringen.
Worauf es ankommt,
worum ich dich bitte
und wofür ich dir jetzt schon danke,
ist dein Licht.
Es möge immer unsere Schritte lenken,
nicht nur meine,
sondern die aller Menschen.

Dom Helder Camara

Ich will dich suchen, Herr

Groß bist du, Herr, und hohen Lobes würdig.
Groß ist deine Macht und unendlich deine Weisheit.
Der Mensch will dich loben,
dieses kleine Wesen in deiner Schöpfung.
Der sterbliche Mensch
ist ein lebender Beweis für sein Versagen,
ein Zeugnis, daß du den Hochmütigen widerstehst.
Und dennoch will dieser kleine Teil
der Schöpfung dich loben.
Du selbst bist es, der ihm
die Freude schenkt, dich zu loben;
denn für dich hast du uns geschaffen.
Unruhig ist unser Herz,
bis es Ruhe findet in dir.

Augustinus

Die Schöpfung verkündet dein Lob

Auch das verschlossenste Herz
kann sich vor deinem Blick nicht verbergen,
und die Verstocktheit der Menschen
kann sich deiner Hand nicht entziehen.
Du lösest sie, wann du willst,
im Erbarmen oder im Strafgericht.
Niemand kann sich vor dir verbergen.
Meine Seele soll dich preisen
und von deiner Liebe Zeugnis ablegen;
sie soll dein Erbarmen bekennen
und deine Größe offenbaren.
Die ganze Schöpfung läßt nie ab von deinem Lob:
Der Menschen Geist preist dich
durch den Mund derer,
die sich dir zuwenden;
die lebende Natur und die Materie
preisen dich durch den Mund derer,
die deine Schöpfung betrachten.
So erhebt sich unsere Seele,
sie stützt sich auf deine Schöpfung
und nähert sich dir,
der sie so wunderbar geschaffen hat.
Dort findet sie Erquickung und wahre Stärke.

Augustinus

Lobpreis des Schöpfers

Herr, Gott der Heerscharen,
weise uns den Weg zu dir
und zeige uns dein Antlitz;
dann sind wir gerettet.
Wohin die Seele
sich auch wenden mag,
überall erfährt sie Schmerz,
auch wenn es die schönsten Dinge sind,
an die sie sich klammert.
Denn auch die schönen Dinge wären nicht,
kämen sie nicht von dir.
Sie werden und vergehen.
Im Werden fangen sie an zu sein;
sie wachsen, um zur Vollendung zu kommen;
doch kaum vollendet,
altern sie und vergehen.
Wenn auch nicht alles altert,
aber alles vergeht.
Was entsteht und zur Fülle strebt,
eilt zum Nichtsein zurück,
je schneller es darauf zuwächst.
So hast du es für die Dinge bestimmt,
sie sind nur Teile des Ganzen
und nie gleichzeitig da.
Meine Seele soll dich preisen,
Gott, den Schöpfer,
aber sie soll sich nicht an die Dinge hängen.

Augustinus

All mein Tun und Werk

Ich weiß, mein Gott, daß all mein Tun
und Werk in deinem Willen ruhn,
von dir kommt Glück und Segen;
was du regierst, das geht und steht
auf rechten, guten Wegen.

Es steht in keines Menschen Macht,
daß sein Rat werd ins Werk gebracht
und seines Gangs sich freue;
des Höchsten Rat, der machts allein,
daß Menschenrat gedeihe.

Gib mir Verstand aus deiner Höh,
auf daß ich ja nicht zäh besteh
auf meinem eignen Willen;
sei du mein Freund und treuer Rat,
was recht ist, zu erfüllen.

Tritt du zu mir und mache leicht,
was mir sonst fast unmöglich deucht,
und bring zum guten Ende,
was du selbst angefangen hast
durch deiner Weisheit Hände.

Du bist mein Vater, ich dein Kind;
was ich bei mir nicht hab und find,
hast du im vollen Maße.
So hilf mir, daß mein Sinn und Tun
sich hält auf deiner Straße.

Paul Gerhardt

Ich danke dir und bete dich an

Ich danke dir, daß ich dich,
du allmächtiger Herr der Welt,
Vater nennen darf.
Du großer Gott, ich bete dich an.
Lieber Vater, vor dir schütte ich mein Herz aus.
Was soll ich dir sagen? – Du weißt ja alles.
Du kennst meine Freude und meine Not,
mein Hoffen und mein Sehnen.
Von dir kommt alles Gute.
Du hast mich reich gesegnet.
Dafür danke ich dir.
Du legst Lasten auf,
du gibst Kraft zum Tragen.
Du rettest mich und erbarmst dich meiner.
Wie arm und schwach bin ich!
Wie reich und stark bist du.
Dir ist nichts unmöglich.
Vater, rede du so zu mir,
daß ich deine Stimme vernehme
und dein heiliges Wort verstehe.
Laß mich tun, was du befiehlst.

Johannes Dienemann

Meine Seele erhebet den Herrn

Meine Seele erhebet den Herrn,
und mein Geist freuet sich Gottes,
meines Heilands;
denn er hat die Niedrigkeit seiner Magd angesehen.
Siehe, von nun an werden mich selig preisen
alle Kindeskinder;
denn er hat große Dinge an mir getan,
der da mächtig ist und des Name heilig ist.
Und seine Barmherzigkeit währet immer
für und für bei denen, die ihn fürchten.
Er übet Gewalt mit seinem Arm und zerstreuet,
die hoffärtig sind in ihres Herzens Sinn.
Er stößt die Gewaltigen vom Stuhl
und erhebt die Niedrigen.
Die Hungrigen füllet er mit Gütern
und läßt die Reichen leer.
Er denket der Barmherzigkeit
und hilft seinem Diener Israel auf,
wie er geredet hat unsern Vätern,
Abraham und seinem Samen ewiglich.

Lukas 1,46–55

Ich hab gefunden

Ich hab ein Wort gefunden,
dafür will ich dir danken:
Du suchst nicht den Gesunden,
du bist ein Arzt der Kranken.

Ich hab ein Wort gelesen
von einer, die gesündigt.
Der bist du hold gewesen
und hast ihr Heil verkündigt.

Das will ich nicht vergessen,
will bei dem Wort mich halten,
will mir's ins Herze pressen,
die Hände drüber falten,

aufs Wort, das ich gelesen,
aufs Wort, das Heil verkündigt.
Ich wäre gern genesen,
ich habe viel gesündigt.

Ich möchte gern gesunden:
Du bist ein Arzt der Kranken.
Das Wort hab ich gefunden,
dein Wort! – Darf ich dir's danken?

Rudolf Alexander Schröder

Du vergnügst alleine

Allgenugsam Wesen,
das ich hab erlesen
mir zum höchsten Gut,
du vergnügst alleine,
völlig, innig, reine,
Seele, Geist und Mut.
Wer dich hat, ist still und satt,
wer dir kann im Geist anhangen,
darf nichts mehr verlangen.

Wem du dich gegeben,
kann in Frieden leben,
er hat, was er will,
wer im Herzensgrunde
lebt mit dir im Bunde,
liebet und ist still;
bist du da und innig nah',
muß das Schönste bald erbleichen
und das Beste weichen.

Höchstes Gut der Güter,
Ruhe der Gemüter,
Trost in aller Pein;
was Geschöpfe haben,
kann den Geist nicht laben,
du vergnügst allein.
Was ich mehr als dich begehr'
kann mein Seligsein nur hindern
und den Frieden mindern.

Was genannt mag werden
droben und auf Erden,
alles reicht nicht zu;
einer nur kann geben
Freude, Trost und Leben,
eins ist Not, nur du!
Hab ich dich nur wesentlich,
so mag Leib und Seel' verschmachten,
will ich's doch nicht achten.

Komm', du selig Wesen,
das ich mir erlesen,
werd mir offenbar!
Meinen Hunger stille,
meine Seele fülle
mit dir selber gar.
Komm', nimm ein mein Kämmerlein,
daß ich allem mich verschließe
und nur dich genieße.

Laß, o Herr, mit Freuden
mich von allem scheiden,
Tod der Kreatur!
Innig dir ergeben,
kindlich in dir leben
sei mein Himmel nur!
Bleib' nur du mein Gott und Ruh',
bis du wirst in jenem Leben
dich mir völlig geben.

Gerhard Tersteegen

Lobe den Herrn, meine Seele

Lobe den Herrn, meine Seele
und was in mir ist, seinen heiligen Namen!
Lobe den Herrn, meine Seele,
und vergiß nicht, was er dir Gutes getan hat:
der dir alle deine Sünden vergibt
und heilet alle deine Gebrechen,
der dein Leben vom Verderben erlöst,
der dich krönet mit Gnade und Barmherzigkeit;
der deinen Mund fröhlich macht,
und du wieder jung wirst wie ein Adler.
Der Herr schafft Gerechtigkeit und Recht allen,
die Unrecht leiden.
Er hat seine Wege Mose wissen lassen,
die Kinder Israel sein Tun.
Barmherzig und gnädig ist der Herr,
geduldig und von großer Güte.
Er wird nicht für immer hadern
noch ewig zornig bleiben.
Er handelt nicht mit uns nach unseren Sünden
und vergilt uns nicht nach unserer Missetat.
Denn so hoch der Himmel über der Erde ist,
läßt er seine Gnade walten über denen,
die ihn fürchten.
So fern der Morgen ist vom Abend,
läßt er unsere Übertretungen von uns sein.
Wie sich ein Vater über Kinder erbarmt,
so erbarmt sich der Herr über die,
die ihn fürchten.

Aus Psalm 103

Dankbarkeit

Danke, ach Herr, ich will dir danken,
daß ich danken kann.

Martin Gotthard Schneider

Alles ist ein Geschenk Gottes

Herr, Dank sei dir,
dem erhabensten und allgütigen Schöpfer
und Lenker des Weltalls.
Dank sei dir, unserem Gott,
auch wenn ich nach deinem Willen
die Knabenzeit nicht überlebt hätte.
Denn auch damals existierte ich schon,
lebte und gebrauchte meine Sinne,
trug Sorge um die Unversehrtheit meines Lebens,
des Abbilds deiner geheimnisvollen Einheit,
der ich entstamme.
Wenn ich auch nur über kleine,
unbedeutende Dinge nachdachte,
so hatte ich doch schon
Freude an der Wahrheit.
Unwahrhaftigkeit haßte ich;
ich besaß ein gutes Gedächtnis,
und im Sprechen war ich geschult.
Ich liebte die Freundschaft.
Schmerz, Demütigung und Unwissen
suchte ich zu entkommen.
Was ist an einem solchen Wesen
nicht bewunderungswürdig und lobenswert?
All das aber sind Gaben meines Gottes,
ich habe sie mir nicht selbst gegeben.
All diese Gaben und Talente sind gut,
sie machen miteinander mein Ich aus.
Gut ist deshalb, der mich erschaffen hat,
ja, er selbst ist mein Gut,
und ich freue mich über all die Gaben,
die er mir schon in jungen Jahren verliehen.

Dank sei dir, meine süße Wonne,
mein Stolz und meine Zuversicht.
Dank sei dir, mein Gott,
für deine Gaben.
Mögest du sie mir bewahren.

Augustinus

Im Gleichgewicht

Lieber Gott,
verleihe uns ein friedliches Herz
und guten Mut in Kampf und Unruhe,
daß wir nicht allein erdulden
und am Ende obsiegen,
sondern auch mitten in Kampf und Unruhe
Frieden haben, dich loben und dir danken.

Laß uns nicht murren oder ungeduldig werden
gegen deinen göttlichen Willen
damit der Friede in unserem Herzen
den Sieg behalte.

Hilf, daß wir innerlich und äußerlich
gegen Gott und Menschen
still und friedlich bleiben,
bis der endgültige und ewige Friede kommt.

Nach Kolosser 3,15

Wie sehr hast du uns geliebt!

Wie sehr hast du uns geliebt, gütiger Vater!
Du hast deinen einzigen Sohn nicht geschont,
sondern ihn für uns Sünder dahingegeben.
Wie sehr hast du uns geliebt!
Um unseretwillen hielt er nicht daran fest,
dir gleich zu sein,
sondern wurde gehorsam bis zum Tod,
bis zum Tod am Kreuz.
Er allein war frei vom Tod,
er hatte die Macht, sein Leben hinzugeben,
und die Macht, es wieder zu nehmen.
Für uns ist er
Sieger und Opfergabe geworden;
Sieger, weil er Opfer war.
Für uns ist er
Priester geworden und Geopferter;
Priester, weil er Geopferter war.
Er, dein Sohn, wurde unser Knecht
und hat uns, die wir Knechte waren,
zu deinen Kindern gemacht.
Deshalb setze ich meine ganze Hoffnung auf ihn.
All meine Schwachheit wirst du heilen durch ihn,
der zu deiner Rechten sitzt
und bei dir für uns eintritt.
Wäre es nicht so, ich würde verzweifeln.

Augustinus

Schöpfer und Lenker aller Dinge

Allmächtiger, ewiger Gott, Herr des Alls, Schöpfer und Lenker aller Dinge, du hast durch Christus den Menschen zur Zierde der Welt gemacht, und ihm ein angeborenes und eingeschriebenes Gesetz gegeben, auf daß er als vernünftiges Wesen gesetzlich lebe. Du hast dem Gefallenen als Unterpfand für die Buße deine Güte gegeben: siehe herab auf diese, die den Nacken der Seele und des Leibes vor dir gebeugt haben, denn du willst nicht den Tod des Sünders, sondern seine Buße, daß er sich von seinem bösen Wege abwende und lebe. Du hast die Buße der Niniviten angenommen, du willst, daß alle Menschen selig werden und zur Erkenntnis der Wahrheit gelangen. Du hast den Sohn, der seinen Lebensunterhalt äußerst liederlich verbraucht hatte, wegen seiner Buße in dein väterliches Herz aufgenommen: nimm auch jetzt die Reue deiner Bittflehenden an. Denn es gibt niemanden, der nicht sündigt vor dir; denn wenn du der Ungerechtigkeit gedenkst, Herr, Herr, wer wird vor dir bestehen; denn bei dir ist Versöhnung. Stelle sie deiner heiligen Kirche in früherer Würdigkeit und Ehre wieder zu, durch Christus, unsern Gott und Heiland, durch den dir Ehre und Anbetung sei im Heiligen Geiste in Ewigkeit. Amen.

Griechische Liturgie

Gott, deine Güte

Gott, deine Güte reicht so weit,
so weit die Wolken gehen.
Du schenkst uns dein Barmherzigkeit
und eilst, uns beizustehen.
Herr, du bist unser Fels und Hort,
du schenkest uns dein heilsam Wort
und lehrst uns, zu dir beten.

Ich bitte nicht um Überfluß
und Schätze dieser Erden;
laß mir, so viel ich haben muß,
nach deiner Gnade werden!
Gib mir nur Weisheit und Verstand,
dich, Gott, und den, den du gesandt,
und mich selbst zu erkennen!

Ich bitte nicht um Ruhm und Rang,
den Menschen oft begehren,
doch eines guten Namens Klang
den wollst du mir gewähren.
Mein wahrer Ruhm sei meine Pflicht,
der Ruhm vor deinem Angesicht
und guter Freunde Liebe.

Ich bitte dich, mein Herr und Gott,
auch nicht um langes Leben;
im Glücke Demut, Mut in Not,
das wollest du mir geben.
In deiner Hand steht meine Zeit;
laß du mich nur Barmherzigkeit
vor dir im Tode finden!

Ich danke dir, Herr Gott

Ich danke dir, Herr Gott, in deinem Throne,
durch Jesum Christum, deinen lieben Sohne,
daß du mich wollen diese Nacht bewahren
vor Schaden und vor mancherlei Gefahren,
und bitte dich, wollst mich an diesem Tage
behüten auch vor Sünden, Schand und Plage.

Denn ich dir, Herr, in deine Händ befehle
mein Leib und Gut und meine arme Seele.
Dein heiliger Engel zu allen Zeiten,
der sei und bleib bei mir auf allen Seiten,
daß böse Mächte, mannigfache Sünden
mich nicht in meiner Schwachheit überwinden.

Den lieben Frieden wollst uns ferner geben
und gute Nahrung, daß wir können leben.
Halt fern von unserm Lande die Gefahren,
laß uns dein Wort in Dankbarkeit bewahren.
Wend Teuerung ab und Arbeitslosigkeit,
sei unser Vater auch in schwerer Zeit.

Ich bitt für die, Gott, die dich Vater nennen,
vor allem die dein heilges Wort bekennen,
für alle meine Lieben und Verwandten,
sie sei'n gleich hier oder in fremden Landen:
Vor allem Unfall wollst du sie bewahren,
laß ihnen alles Gute widerfahren!

All', welche sind betrübt, krank und gefangen,
und tragen, Herr, nach dir in Not Verlangen,
die wollest du in ihren Ängsten trösten
und endlich sie aus aller Not erlösen;
die armen Sünder zu dir, Herr, bekehre;
ein selges End uns insgesamt beschere!

Vielen Dank

Wir danken dir, Herr, für diese Stunde,
für diesen Tag,
für Vergangenheit und Zukunft
und für unser ganzes Leben,
denn alles ist dein.

Vielen Dank für diese ganze Welt,
für alles, was wir sehen, hören, fühlen, riechen,
was wir berechnen und analysieren:
für Moleküle und Sonnensysteme,
Strukturen, Organismen, Konstruktionen,
Sprache, Texte, Überlieferungen,
denn alles ist dein.

Vielen Dank für die anderen Menschen,
die du uns gibst, damit wir nicht allein sind.
Vielen Dank , daß du in unserer Gemeinschaft
selbst die Mitte sein willst.
Du bist uns nah,
hier, im Abendmahl,
und wo immer du willst,
denn wir sind dein.

Herr, laß unsere Dankbarkeit
nicht zum Zynismus werden:
Es gibt Unrecht, Hunger, Angst und Verfolgung,
es gibt so viele Dinge,
die das Leben unverständlich machen.
Gib uns den Mut,
dennoch getrost zu sein.
Laß uns erkennen,
daß wir alle Situationen vor deinem Kreuz
durchstehen können,

daß dein Kreuz auch deinen Segen einschließt
und dein Segen unsere Verantwortung.
Darum können wir dir nicht unmittelbar danken,
sondern nur durch Jesum Christum,
den Gekreuzigten,
unseren Herrn.

Entlassung

Ich kann wieder aufstehen und mich bewegen.
Mir ist geholfen worden.
Ich war ganz am Boden.
Aber nun stehe ich wieder aufrecht und biegsam
wie das Riedgras im Sommerwind.
Gott, du hast mich Gutes erfahren lassen.
Es gibt Menschen, die mir geholfen haben.
Wie kann ich meinen Dank ausdrücken?
Es sollen nicht nur Worte sein.
Wenn ich jetzt entlassen werde,
wenn der Alltag wieder auf mich zukommt,
dann will ich die guten Erfahrungen nicht vergessen,
die ich gemacht habe.
Ich möchte dankbarer, besser, intensiver leben.

Deine Wege sind unerforschlich

Großer Gott, deine Wege sind unerforschlich und deine Wunder unermeßlich. Dein Sohn Jesus Christus ist der Retter der Welt, die dich verloren hat. Dein Geist ist es, der unsere Herzen verwandelt.

Herr, wir danken dir für dein Wort. Mit deinem Wort hast du die Welt erschaffen. Mit deinem Wort und mit deinen Geboten läßt du uns erkennen, was wir tun können und wo uns Grenzen gesetzt sind. Dein Wort gibt uns Orientierung und Halt, Trost und Zuversicht. Es ermahnt uns und spricht uns frei. Mit deinem Wort erhältst du deine Schöpfung, und dein Wort schafft am Ende der irdischen Zeit alles neu. Dein Wort berührt unser Herz. Du schreibst dein Wort in unsere Seele, damit es aufgehe und viele gute Früchte bringe.

Herr, wir bitten dich um dein Wort, damit unser Verstand nicht uneinsichtig und unser Herz nicht verstockt bleibt. Wenn uns dein Wort erreicht, laß es nicht untergehen in der Fülle unserer eigenen Gedanken und Worte. Es soll nicht erstickt werden durch Sorgen, Reichtum und Freuden des Lebens. Es soll auch nicht in Vergessenheit geraten, weil wir uns gerne etwas Neuem zuwenden.

Herr, wir bitten dich für alle, die in deinem Namen dein Wort verkündigen. Für die, die mit deinem Wort Traurige trösten, Kranke aufrichten, Einsame ermuntern und Hoffnungslose ermutigen wollen.

Herr, wir bitten dich um das rechte Wort zur rechten Zeit, damit wir nicht stumm bleiben, wo wir reden sollten; aber auch schweigen können, wo du selbst reden willst.

Herr, du bist der Grund unseres Lebens. Du bist das Licht unserer Seele. Laß es in uns und in dieser Welt durch Jesus Christus hell werden.

Peter Helbich

Bitte für die Kirche und ihre Glieder

Allmächtiger Gott!
Wir danken dir, daß du uns gewürdigt hast, Glieder deiner Kirche zu sein. Du hast uns verheißen, deine Kirche zu erlösen, ja, du hast diese Verheißung schon erfüllt in Jesus Christus, deinem eingeborenen Sohn. – Wir bitten dich, laß uns in allem Streit und in allen Anfechtungen mit Geduld ausharren in der Gewißheit, daß du unsern Glauben prüfen willst. Laß uns den Kampf unter dem Kreuz mit Festigkeit führen, bis alle Prüfungen überstanden sind und wir endlich zu der ewigen Herrlichkeit kommen, da wir erfahren werden, daß du wirklich unser Erlöser bist, in Christus, unserm Herrn.

Johann Calvin

Bei dir kann ich bitte und danke sagen

Gütiger und großer Vater, warum habe ich Menschen gegenüber soviel innere Vorbehalte, »bitte« und »danke« zu sagen? Ich spüre es, daß ich manchmal Sorge habe, mich in Abhängigkeit zu begeben, meine Abhängigkeit zu zeigen. Dabei stimmt es doch, daß ich auf die Hilfe, zumindest auf die Hilfsbereitschaft anderer angewiesen bin. Und diese Hilfe kann doch schon ein Wort sein, das mich weiterweist, das mir Freundlichkeit zeigt.

Bei dir kann ich »bitte« und »danke« sagen. Ist das vielleicht ein Zeichen, daß du mir gar nicht nahe bist, sondern so fern, daß ich die Bitte und den Dank wagen kann? Oder ist es ein Zeichen, daß du mir eigentlich genau so unpersönlich bist wie eine Verwaltungsstelle, wie ein Sozialamt, bei dem ich mein »Recht« haben will?

Dabei weiß ich eigentlich, wenn ich an mich selbst denke, daß ich nicht nur Hilfe brauche, sondern auch das kleine, freundliche »Danke« oder gar »Danke schön«, wenn ich jemand habe helfen können.

»Bitte« und »danke« sind doch nicht nur Worte, die Hilfsbedürftigkeit deutlich machen, sondern die auch die Gesprächsbereitschaft und die Gemeinschaft mit dem anderen zeigen. Tiere werden sich wohl nicht bedanken.

Lob und Preis

Wir loben und preisen dich, Gott, den allmächtigen Vater. Du hast uns und alle Welt ins Leben gerufen und waltest über uns mit deiner Güte und Treue.

Wir loben und preisen dich, unseren Herrn Jesus Christus. Du bist das ewige Wort des Vaters und hast uns seine Liebe offenbart. Du hast unser Menschenlos getragen und unsere Schuld auf dich genommen. Du bist am Kreuz für uns gestorben. Von den Toten auferweckt, bist du uns nahe mit deinem Trost und rettest uns im Gericht.

Wir loben und preisen dich, den Heiligen Geist. Du hast uns durch die Taufe zum Glauben gerufen und erleuchtest uns durch die Predigt des Evangeliums. Du stärkst uns in der Liebe durch die Feier des heiligen Mahles und gibst uns eine Hoffnung, die auch der Tod nicht zerstört. Aus allem, was Menschen trennen kann, sammelst du uns in der einen heiligen Kirche zum Dienst in dieser Welt und willst uns vollenden in deinem ewigen Reich.

Dir, unserem Gott, sei Ehre in Ewigkeit.

Laßt uns dankbar sein

Laßt uns dankbar sein
gegenüber Gott!
Er gibt uns den Atem zum Leben.
Er hat uns das Ohr geöffnet.
Unsere Augen sehen
den Glanz des Himmels
und die Sterne der Nacht.
Über uns dehnt sich
die Unendlichkeit.
Das hat alles Gott gemacht –
groß, gewaltig und unerforschlich.

Laßt uns Worte finden,
die vom Geheimnis Gottes,
seiner Erde und
von dem Weg des Menschen
zum Leben erzählen!

Laßt uns offen sein
für die Begegnung mit Christus,
damit er in uns Gestalt annehme!

Laßt uns auf
die Stimme des Geistes hören,
der unser steinernes Herz
verwandeln will.

Peter Helbich

Geduld

Du weißt den Weg für mich,
das ist genug!

Hedwig von Redern

Ich werde alt

Herr, ich spüre, daß ich älter werde; ich ahne, daß ich sehr bald zu den Alten gehöre. Du weißt das auch.

Bewahre mich vor allem, was die Alten so unbeliebt macht.
Behüte mich vor der Geschwätzigkeit. Laß mich nicht meinen, ich müsse bei jeder Gelgenheit mich zu allem äußern.
Gib mir die Einsicht, daß ich zuweilen unrecht haben kann.
Befreie mich von dem eitlen Verlangen, jedermanns Angelegenheit in Ordnung bringen zu wollen.
Halte mich frei davon, den anderen alle Einzelheiten meines Alltags aufzudrängen.
Schenke mir Geduld, wenn andere mir ihre Leiden klagen; aber versiegle meine Lippen, wenn ich meine eigenen zunehmenden Schmerzen und Gebrechen ausbreiten möchte.
Und wenn ich doch darüber spreche, dann laß es mich so tun, daß deine Güte dadurch nicht verdunkelt wird.
Mach mich hilfsbereit, aber nicht geschäftig; fürsorglich, aber nicht herrschsüchtig.

Am Ende aber laß mich nicht einsam sein. Ich brauche dann ein paar Freunde, lieber Herr, gute Freunde. Aber das weißt du auch.

Miteinander leben

Herr, ob wir nun alt oder jung sind,
wir alle müssen wieder lernen,
miteinander zu leben.
Wir bitten darum,
dafür Phantasie und Mut zu finden,
aufeinander zuzugehen
und neue Anfänge zu wagen.
Wir wollen unsere Augen schulen,
damit sie wahrnehmen,
wo Menschen allein
und ohne Kontakt zu anderen sind.
Wir wollen unsere Ohren schulen,
damit sie wieder hören,
auch wenn nur leise um Aufmerksamkeit,
Zeit oder Geduld gebeten wird.
Wir wollen unsere Sprache schulen,
damit sie nicht verletzt.
Herr, du hast uns die Welt gegeben,
damit wir sie so gestalten,
daß wir miteinander leben
und nicht nebeneinander her.
Wir wollen lernen,
miteinander zu sprechen
und nicht nur übereinander zu reden.

Ich bin nicht allein

Herr, ehe ich noch war,
ehe ich lebte und etwas tun konnte,
warest du über mir im Mutterleibe,
nahmst dich meiner gnädig an,
sorgtest herzlich für mich
und erhieltest mich in wunderbarer Weise.

Wieviel mehr tust du solches,
treuer Menschenhüter, an mir,
der ich nun als Mensch geboren bin,
lebe, gehe, stehe, schaffe
und durch dein Wort dich kenne,
obs wohl für Menschenaugen viel anders scheint
und mein alter Adam das Gegenteil fühlt.

Es scheine aber und fühle sich,
wie es wolle,
ich kehre mich nicht daran,
lasse mich auch nicht beirren,
sondern halte mich an dein Wort,
daß du mein Herr von Mutterleibe an bist,
das trügt und täuscht nicht.

Darauf verlasse ich mich,
erwecke und stärke dadurch meinen Glauben,
welcher nicht aufs Sichtbare sieht,
sondern das, was unsichtbar ist,
durch Hoffnung in Geduld erwartet.

Gelobet seist du,
mein Gott und mein Herr,
in Ewigkeit.

Nach Psalm 71,6

Weiß ich den Weg auch nicht …

Weiß ich den Weg auch nicht,
du weißt ihn wohl,
das macht die Seele still
und friedensvoll!
Ist's doch umsonst,
daß ich mich sorgend müh',
daß ängstlich schlägt mein Herz,
sei's spät, sei's früh.

Du weißt den Weg ja doch,
du weißt die Zeit;
dein Plan ist fertig schon
und liegt bereit.
Ich preise dich
für deiner Liebe Macht;
ich rühm' die Gnade,
die mir Heil gebracht.

Du weißt, woher der Wind
so stürmisch weht,
und du gebietest ihm,
kommst nie zu spät.
Drum wart' ich still,
dein Wort ist ohne Trug;
du weißt den Weg für mich,
das ist genug!

Hedwig von Redern (1866)

Herr, hindere mich . . .

Herr, hindere mich
zu tun, was ich will,
aber nicht soll,
und treibe mich,
eilend zu tun,
was ich soll.

Herr, hindere mich
zu reden, was nicht aus der Liebe kommt
und treibe mich,
meinen Mund aufzutun
aus Liebe.

Herr, hindere mich,
auf falschen Weg den Fuß zu setzen,
und treibe mich,
ganz ohne Furcht
den rechten Weg zu gehen.

Herr, hindere mich,
zuerst an *mein* Wohl zu denken,
und treibe mich,
meinem Nächsten
wohlzutun.

Herr, hindere mich,
ein Pharisäer zu sein,
aber hindere mich auch,
mich besser zu dünken
als die Pharisäer.

Ich danke dir, Herr,
daß du noch nicht
die Geduld verloren hast mit mir.

Laß mich auch geduldig werden . . .

Zusammen geweint

Lieber Gott,
nun weiß ich die Wahrheit.
Als sie hereinkam, sah ich es ihr gleich an.
Als ich sie fragte, nickte sie nur.
Nun weiß ich es: Viel Zeit habe ich nicht mehr.
Im Augenblick ist mir ganz leicht.
Ich bin so froh,
daß wir es zusammen wissen,
zusammen tragen.
Wir haben zusammen geweint vorhin.
Lieber Gott, wie oft schon vorher
in der Ungewißheit.
Jetzt wissen wir es,
und mir ist ganz leicht.
Ich danke dir,
daß ich diese wunderbare starke Frau habe.
Sie wird schon fertig werden,
mit allem.
Ich kann nichts machen, lieber Gott.
Wenn die Traurigkeit wiederkommt,
dann hilf mir und gib mir die Geduld des Glaubens.

Albert Steffen

Bitte um den lebendigen Geist

Herr, wir danken dir,
daß du unserem kleinen Leben
diesen großen Sinn gegeben hast:
mit dir zu wirken,
mit dir Gerechtigkeit zu schaffen
und Frieden auszubreiten.
Du willst, daß wir ohne Gewalt,
ohne Anspruch und ohne Befehl,
allein in Glauben und Geduld
deine Liebe zu denen bringen,
die an Liebe nicht glauben . . .

Um ein Zeichen bitten wir dich;
um die Stille, in der du nahe bist,
damit etwas reift auf deinem Feld
und etwas sichtbar wird von deinem Reich.
Gib uns deinen lebendigen Geist,
den starken und mächtigen.
Führe uns, leite unseren Willen
und alle unsere Gedanken,
daß wir dein Reich sehen
in seinen kleinen Anfängen hier
und in seiner großen Vollendung dort,
wo wir dich schauen werden in Ewigkeit.

Jörg Zink

Herr, ich bin schwach

Herr, ich bin schwach, doch du bist in mir mächtig.
Gerade weil ich schwach bin, treibst du die Furcht hinaus.
Herr, laß mich stark sein durch deine Gnade.
Deine Kraft, die breitet sich in meiner Schwachheit aus.

Du hast mich gewollt und du hast mich geschaffen
mit Gaben und Grenzen, und doch fürchte ich mich.
Ich bin wie gelähmt. Ich wage nicht zu handeln.
Ich fürchte zu versagen, doch dann seh ich dich.

Deine Gnade gilt, und doch kommen mir Zweifel.
Ich seh' mein Versagen, ich sehe meine Schuld.
Es scheint ohne Sinn, mir meine Schuld zu nehmen.
Ich falle immer wieder. Hast du noch Geduld?

Ich will endlich sehn: Es ist nicht meine Schwäche,
es ist meine Stärke, die deine Kraft blockiert.
Denn du bist der Herr. Ich kann dir fest vertrauen,
und du wirst mich gebrauchen, weil dein Geist mich führt.

Peter Strauch

Halte uns an deiner rechten Hand

Herr, wenn Unglück und Traurigkeit
über uns kommen,
verlaß uns nicht.
Nimm die Schatten von unserer Seele
und führe uns ins Licht
der Freude und Hoffnung.

Herr, lehre uns,
auch im Unglück dich nicht zu vergessen,
sondern geduldig darauf zu warten,
was du mit uns vorhast.
Wenn wir durch das Feuer der Anfechtung
und der Verzweiflung gehen müssen,
halte du uns an deiner rechten Hand.
Es ist unser schwacher Glaube,
der uns in Not bringt.
Es ist unser Mißtrauen,
das uns verunsichert.

Herr, schenke uns die Gewißheit,
daß du uns im Glück wie im Unglück
den richtigen Weg führen wirst,
wenn wir dazu bereit sind.
Oft erkennen wir nicht,
daß das, was wir als Unglück ansehen,
von dir zu unserer Bewährung geschickt wurde.
Im Lande unseres Unglücks
läßt du uns wachsen.

Peter Helbich

Treue

Von Gott will ich nicht lassen,
denn er läßt nicht von mir.

Ludwig Helmbold

Gottes Treue

Herr, unser Gott,
im Schatten deiner Flügel haben wir Hoffnung;
schütze uns und trage uns!
Du wirst uns tragen
von unserer Kindheit an
bis ins hohe Greisenalter.
Denn unsere Kraft ist nur dann Kraft,
wenn sie aus dir kommt;
wenn sie aus uns kommt,
ist sie Schwäche.
Reich und schön ist unser Leben in deiner Nähe;
doch weil wir uns abgewandt haben von dir,
sind wir auf Irrwege geraten.
Damit wir nicht umkommen,
laß uns heimkehren zu dir.
Bei dir haben wir Heil in Fülle,
weil du selber das Heil bist.
Darum vertrauen wir darauf,
die Heimat wiederzufinden,
die wir einst verließen.
Auch wenn wir ferne waren,
das Haus, deine Ewigkeit,
ist immer für uns da.

Augustinus

Bitte um Erbarmen

Nimm von uns, Herr, du treuer Gott,
die schwere Straf und große Rut,
die wir mit Sünden ohne Zahl
verdienet haben allzumal.
Behüt vor Krieg und teurer Zeit,
vor Seuchen, Feur und großem Leid.

Erbarm dich deiner bösen Knecht,
wir bitten Gnad und nicht das Recht;
denn so du, Herr, den rechten Lohn
uns geben wollst nach unserm Tun,
so müßt die ganze Welt vergehn
und könnt kein Mensch vor dir bestehn.

Ach Herr Gott, durch die Treue dein
mit Trost und Rettung uns erschein.
Beweis an uns dein große Gnad
und straf uns nicht auf frischer Tat;
wohn uns mit deiner Güte bei,
dein Zorn und Grimm fern von uns sei.

Von Gott will ich nicht lassen

Von Gott will ich nicht lassen,
denn er läßt nicht von mir,
führt mich durch alle Straßen,
da ich sonst irrte sehr.
Er reicht mir seine Hand;
den Abend und den Morgen
tut er mich wohl versorgen,
wo ich auch sei im Land.

Auf ihn will ich vertrauen
in meiner schweren Zeit.
Es kann mich nicht gereuen,
er wendet alles Leid.
Ihm sei es heimgestellt;
mein Leib, mein Seel, mein Leben
sei Gott dem Herrn ergeben.
Er schaffs, wie's ihm gefällt.

Ludwig Helmbold

Bis hierher hat mich Gott gebracht

Bis hierher hat mich Gott gebracht
durch seine große Güte,
bis hierher hat er Tag und Nacht
bewahrt Herz und Gemüte;
bis hierher hat mich Gott geleit',
bis hierher hat er mich erfreut,
bis hierher mit geholfen.

Hab Lob und Ehr, hab Preis und Dank
für die bisherige Treue,
die du, o Gott, mir lebenslang
bewiesen täglich neue.
In mein Gedächtnis schreib ich an:
Der Herr hat Großes mir getan,
bis hierher mir geholfen.

Hilf ferner weit, mein treuster Hort,
hilf mir zu allen Zeiten,
hilf mir an all und jedem Ort,
hilf mir durch Christi Leiden,
damit ich sag bis in den Tod:
durch Christi Gnad hilft mir
mein Gott. Er hilft, wie er geholfen.

Ämilie Juliane Reichsgräfin
von Schwarzburg-Rudolstadt

Du hast ein starkes Wort gesandt

In jeder Nacht, die mich bedroht,
ist immer noch ein Stern erschienen.
Und fordert es, Herr, dein Gebot,
so naht dein Engel, mir zu dienen.
In welchen Nöten ich mich fand,
du hast dein starkes Wort gesandt.

Hat banger Zweifel mich gequält,
hast du die Wahrheit nie entzogen.
Dein großes Herz hat nicht gezählt,
wie oft ich mich und dich betrogen.
Du wußtest ja, was mir gebricht,
dein Wort bestand: es werde Licht!

Hat schwere Sorge mich bedrängt,
ward deine Treue mir verheißen.
Den Strauchelnden hast du gelenkt
und wirst ihn stets vom Abgrund reißen.
Wann immer ich den Weg nicht sah:
Dein Wort wies ihn. Das Ziel war nah.

Hat meine Sünde mich verklagt,
hast du den Freispruch schon verkündet.
Wo hat ein Richter je gesagt,
er sei dem Schuldigen verbündet?
Was ich auch über mich gebracht,
dein Wort hat stets mein Heil bedacht.

In jeder Nacht, die mich umfängt,
darf ich in deine Arme fallen,

und du, der nichts als Liebe denkt,
wachst über mir, wachst über allen.
Du birgst mich in der Finsternis.
Dein Wort bleibt noch im Tod gewiß.

Jochen Klepper

Deine Güte währet ewiglich

Von deiner Güte will ich singen, Herr mein Gott.
Großes hast du an mir getan:
Mein Beten hast du gehört.
Jeden Tag meines Lebens bist du bei mir.
Auch im Tod läßt du mich nicht.
Dein Geist steht mir in meiner Schwachheit bei.
Vor Zweifel und Unglauben will er mich bewahren.
Ja, Herr, ich lebe von deiner großen Güte und Treue.
Sie will ich preisen in meinem Leben.
Laß mich in allem deine Güte erkennen.
Gib Glauben, Hoffnung, Liebe,
und erhalte mich fest dabei,
denn deine Güte währet ewiglich.

Nach Psalm 118

Wie teuer ist deine Güte

Jeden Tag werde ich inne
meiner Ohnmacht,
werde ich inne meines
grundverdorbenen Menschseins.
Jeden Tag aber auch
werde ich inne
deiner Macht, Gott,
und deiner Güte.
Und während ich vor Hitze
verschmachte,
vor der Hitze, die mir begegnet,
vor der Hitze, die in mir selber ist,
sucht meine Seele
Zuflucht bei dir.

Mein Gebet ist nur ein Schrei
oder nur ein Stöhnen,
und während ich noch
verzweifle und fürchte,
du möchtest mich verstoßen,
hast du meine Seele
schon unter deine Flügel
genommen.
Deine Güte ist mir unbegreiflich, Gott,
aber durch deine Güte und Treue
allein
bestehe ich noch.

Misericordias Domini: Herr, mein Hirt

Ich will deinem Namen danken, Herr, für deine Güte und Treue.

Der Herr ist mein Hirte,
mir wird nichts mangeln.
Er weidet mich auf einer grünen Aue
und führet mich zum frischen Wasser.
Er erquicket meine Seele;
er führet mich auf rechter Straße um seines Namens willen.
Und ob ich schon wanderte im finsteren Tal,
fürchte ich kein Unglück;
Denn du bist bei mir,
dein Stecken und Stab trösten mich.
Du bereitest vor mir einen Tisch im Angesicht meiner Feinde;
du salbest mein Haupt mit Öl und schenkest mir voll ein.
Gutes und Barmherzigkeit werden mir folgen mein Leben lang,
und ich werde bleiben im Hause des Herrn immerdar.

Ich will deinem Namen danken, Herr, für deine Güte und Treue.

Psalm 23

Hüter unseres Lebens

Ach, Hüter unsers Lebens,
fürwahr! es ist vergebens
mit unserm Tun und Machen,
wo nicht dein' Augen wachen.

Gelobt sei deine Treue
die alle Morgen neue!
Lob sei den starken Händen
die alles Herzleid wenden!

Laß ferner dich erbitten,
o Vater, und bleib mitten
in unserm Kreuz und Leiden
ein Brunnen unsrer Freuden.

Gib mir und allen denen,
die sich von Herzen sehnen,
nach dir und deiner Hulde,
ein Herz, das sich gedulde.

Schleuß zu die Jammerpforten,
und laß an allen Orten
auf so viel Blutvergießen
die Friedensströme fließen.

Sprich deinen milden Segen
zu allen unsern Wegen,
laß Großen und auch Kleinen
die Gnadensonne scheinen.

Sei der Verlassnen Vater,
der Irrenden Berater,
der Unversorgten Gabe,
der Armen Gut und Habe.

Hilf gnädig allen Kranken,
gib fröhliche Gedanken
den hochbetrübten Seelen
die sich mit Schwermut quälen.

Und endlich, was das meiste,
füll uns mit deinem Geiste,
der uns hier herrlich ziere
und dort zum Himmel führe.

Das alles wollst du geben,
o meines Lebens Leben,
mir und der Christenschare
zum sel'gen neuen Jahre!

Paul Gerhardt

Einer muß wachen

Einer muß wachen über alle Welt,
sonst alles im Dunklen zerschellt.

Einer muß stehen über aller Not,
sonst verdirbt uns alle der Tod.

Einer muß tragen alles Leid,
sonst ist keiner zum Tragen bereit.

Einer muß helfen mit starker Hand,
sonst finden wir ewig kein Vaterland.

Wollst begegnen mir, Herr Jesus Christ,
der du in allem Herr und Heiland bist.

Das weite Himmelszelt

Herr, ich sehe deine Welt,
das weite Himmelszelt,
die Wunder deiner Schöpfung.
Alles das hast du gemacht,
den Tàg und auch die Nacht;
ich danke dir dafür.

Berge, Flüsse und die Seen,
die Täler und die Höhn
sind Zeichen deiner Liebe.
Sonne, Wolken, Sand und Meer,
die loben dich so sehr,
sie preisen deine Macht.

Darum bete ich dich an,
weil ich nicht schweigen kann;
die Freude füllt mein Singen.
Staunend habe ich erkannt:
Ich bin in deiner Hand
und du läßt mich nicht los.

Peter Strauch

All Morgen Gnad und Treu

All Morgen ist ganz frisch und neu
des Herren Gnad und große Treu;
sie hat kein End den langen Tag,
drauf jeder sich verlassen mag.

O Gott, du schöner Morgenstern,
gib, was wir von dein'r Lieb begehrn:
Alle deine Licht' zünd in uns an;
laß's Herz an Gnad kein Mangel han.

Treib aus, o Licht, all Finsternis,
behüt uns, Herr, vor Ärgernis,
vor Blindheit und vor aller Schand;
und beut uns Tag und Nacht dein Hand,

zu wandeln als am lichten Tag,
damit, was immer sich zutrag,
wir stehn im Glauben bis ans End
und bleiben von dir ungetrennt.

Johannes Zwick

Am Abend

Nun sich der Tag geendet,
mein Herz sich zu dir wendet
und danket inniglich;
dein holdes Angesichte
zum Segen auf mich richte,
erleuchte und entzünde mich.

Ich schließe mich aufs neue
in deine Vatertreue
und Schutz und Herze ein;
zerstreuende Geschäfte
und alle finstern Kräfte
vertreibe durch dein Nahesein.

Daß du mich stets umgibest,
daß du mich herzlich liebest
und rufst zu dir hinein,
daß du erfreust alleine
so wesentlich, so reine,
laß früh und spät mir wichtig sein!

Ein Tag der sagt dem andern,
mein Leben sei ein Wandern
zur großen Ewigkeit.
O Ewigkeit, du schöne,
mein Herz an dich gewöhne.
Mein Heim ist nicht in dieser Zeit.

Gerhard Teerstegen

Am Morgen

Hilf, daß ich achte auf den Tag,
der heute mit mir geht,
daß ich nach deinem Willen frag
und er vor dir besteht.

Was ich auch denke, was ich seh,
wohin ich schaue, sinne, geh,
ich bleibe stets in deinem Raum
und selbst in meiner Nächte Traum
vermag ich nicht, dir zu entfliehn,
mich deiner Nähe zu entziehn.
Herr, mach mich in dir still,
daß ich von dir nicht will.

Oskar Loy

Wie sich ein Vater erbarmt

Wie sich ein Vater über Kinder erbarmt, so erbarmt sich der Herr über die, die ihn fürchten.

Lobe den Herrn, meine Seele,
und was in mir ist, seinen heiligen Namen!
Lobe den Herrn, meine Seele,
und vergiß nicht, was er dir Gutes getan hat:
Der dir alle deine Sünde vergibt
und heilet alle deine Gebrechen,
der dein Leben vom Verderben erlöst,
der dich krönet mit Gnade und Barmherzigkeit.
Er handelt nicht mit uns nach unseren Sünden
und vergilt uns nicht nach unserer Missetat.
Denn so hoch der Himmel über der Erde ist,
läßt er seine Gnade walten über denen, die ihn fürchten.
So fern der Morgen ist vom Abend,
läßt er unsere Übertretungen von uns sein.

Wie sich ein Vater über Kinder erbarmt, so erbarmt sich der Herr über die, die ihn fürchten.

Aus Psalm 103

Erntedank und Treue

Herr, die Erde ist gesegnet
von dem Wohltun deiner Hand;
Güt und Milde hat geregnet,
dein Geschenk bedeckt das Land.
Auf den Hügeln, in den Gründen
ist dein Segen ausgestreut;
unser Warten ist gekrönet,
unsre Herzen sind erfreut.

Aller Augen sind erhoben,
Herr, auf dich zu jeder Stund,
daß du Speise gibst von oben
und versorgest jeden Mund;
und du öffnest deine Hände,
dein Vermögen wird nicht matt,
deine Hilfe, Gnad und Spende
machet alle froh und satt.

Hilf, daß wir dies Gut auf Erden
treu verwalten immerfort;
alles soll geheiligt werden
durch Gebet und Gottes Wort.
Was wir wirken und vollenden,
sei gesät in deinen Schoß,
dann wirst du die Ernte senden
unaussprechlich reich und groß.

Heinrich Puchta

Liebe und Freundschaft

Mein Gott, ich bin so unwahrscheinlich glücklich.
Ich weiß nicht, wie ich das beschreiben soll,
ich kann es nicht in Worte fassen,
Worte sind viel zu vernünftig.
Ich weiß jetzt,
warum so viel vom Glück gesungen wird
und von der Liebe.
Ich habe immer darüber gelacht,
aber nun bin ich so glücklich,
daß ich es ganz ernst nehmen kann.
Ich bin ein neuer Mensch geworden
und sehe alles mit anderen Augen.
Du hast mir einen Menschen geschenkt,
der ganz für mich da ist.
Wir lieben uns –, mehr kann ich nicht sagen,
und doch ist damit alles gesagt.
Ich danke dir von ganzem Herzen.
Du hast gewußt, was mir fehlte.
Du weißt auch jetzt, was ich denke,
wie kleingläubig ich Angst habe
um unser Glück.
Bewahre uns in unserer Liebe,
daß wir einander treu bleiben,
daß wir einander brauchen,
eins werden und eins bleiben.
Du tust Wunder, das habe ich erfahren.
Sege uns, du wunderbarer Gott!
Herr, ich habe ein Mädchen geküßt,
ich bin sehr glücklich.
Ich möchte es keinem sagen außer dir
und verstehe nicht, wie andere damit prahlen.

Ich kann auch niemandem sagen, daß ich sie liebe,
ihr selbst auch nicht.
Ich liebe sie so, daß ich mich selbst nicht mehr kenne,
es ist nun so vieles anders in meinem Leben.
Es kam einfach so über uns,
wir waren so glücklich.
Ich habe sie nur geküßt, mehr nicht.
Vielleicht würde man es geschmacklos finden,
daß ich es dir sage.
Aber es bewegt mich so sehr,
und ich möchte ihr kein Unrecht antun.
Hilf du mir dazu und gib,
daß wir beieinander bleiben,
wenn du sie mir geschickt hast.
Herr, ich bin so glücklich, ich danke dir!

Jesus Christus – unser Heil

Jesu, geh voran auf der Lebensbahn!
Und wir wollen nicht verweilen,
dir getreulich nachzueilen.
Führ uns an der Hand bis ins Vaterland!

Solls uns hart ergehn, laß uns feste stehn
und auch in den schwersten Tagen
niemals über Lasten klagen;
auch durch Trübsal hier geht der Weg zu dir.

Rühret eigener Schmerz irgend unser Herz,
kümmert uns ein fremdes Leiden,
o so gib Geduld zu beiden;
richte unsern Sinn auf das Ende hin!

Ordne unsern Gang, Jesu, lebenslang!
Führst du uns auch rauhe Wege,
gib uns auch die nötge Pflege!
Tu uns nach dem Lauf deine Türe auf.

Neues Leben

Wir danken dir, Gott:
Du hast Mann und Frau
füreinander geschaffen.
Du segnest ihre Gemeinschaft
und läßt neues Leben aus ihr erwachsen.
Dein Wort befreit uns
aus Eigensucht und Selbstherrlichkeit.
Du willst, daß wir einander dienen,
wie dein Sohn uns gedient hat.

Wir bitten dich: Hilf uns,
daß wir einander lieben und ehren,
Freude und Leid miteinander teilen
und einander treu bleiben bis ans Ende.
Segne Freundschaft und Liebe.
Segne Ehen und Familien.
Segne, die allein ihren Weg gehen.

Du hast mein Leben verwandelt

Herr, du hast mich festgehalten
und nicht wieder losgelassen,
und ich will auch gar nicht los von dir.
Denn du hast mein Leben verwandelt,
du hast ihm einen Inhalt gegeben
den ich zuvor nicht kannte.
Ich kann mir kein anderes Leben mehr denken –
nur eines mit dir!
Ich bin sehr glücklich.
Die Welt hat ein neues Gesicht,
ich sehe die Menschen mit neuen Augen.
Wir sind alle Brüder.
Herr, ich danke dir von ganzem Herzen
und bitte dich um Glauben, Hoffnung und Liebe:
daß ich auf dich allein vertraue
und durch mein Leben deine Liebe bezeuge,
um die Welt an meinem Platz zu verwandeln.
Ich lobe deine Güte und Treue.
Du bist mein Heiland, ich danke dir.

Verlaß mich nicht im Alter

Herr, ich traue auf dich,
laß mich nimmermehr zuschanden werden.
Neige deine Ohren zu mir und hilf mir.
Sei mir ein starker Hort,
zu dem ich immer fliehen kann,
der du zugesagt hast, mir zu helfen.

Du bist meine Zuversicht, Herr, mein Gott,
meine Hoffnung von meiner Jugend an.
Laß meinen Mund deines Ruhmes
und deines Preises voll sein täglich.

Verwirf mich nicht in meinem Alter;
verlaß mich nicht, wenn ich schwach werde.
Gott, sei nicht ferne von mir;
mein Gott, eile, mir zu helfen!

Gott, du hast mich von Jugend auf gelehrt,
und noch jetzt verkündige ich deine Wunder.
Auch im Alter, Gott, verlaß mich nicht,
und wenn ich grau werde,
bis ich deine Macht verkündige Kindeskindern
und deine Kraft allen, die noch kommen sollen.

Du läßt mich erfahren viele und große Angst
und machst mich wieder lebendig
und holst mich wieder heraus aus den Tiefen.

So will auch ich dir danken mit Saitenspiel
für deine Treue, mein Gott.
Meine Lippen und meine Seele, die du erlöst hast,
sollen fröhlich sein und dir lobsingen.

Aus Psalm 71

Du bist meine Zuversicht

Du, Herr, bist meine Zuversicht,
mein bester Trost im Leben.
Nie fehlt es mir an Trost und Licht,
dir hab ich mich ergeben.
Du bist mein Gott, auf dein Gebot
wird meine Seele stille;
mir g'nügt dein weiser Wille.

Herr, du bist meine Zuversicht;
auf dich hofft meine Seele.
Du weißt, was meinem Glück gebricht,
wenn ich mich sorgend quäle.
Wer wollte sich nicht ganz auf dich,
Allmächtiger, verlassen
und sich im Kummer fassen?

In deine Hand befehl ich mich,
mein Wohlsein und mein Leben.
Mein hoffend Auge blickt auf dich;
dir will ich mich ergeben.
Sei du mein Gott und einst im Tod
mein Fels, auf den ich traue,
bis ich dein Antlitz schaue!

Ich will dir vertrauen, mein Gott

Herr, mein Gott. Wenn du mir Leiden und Krankheit bestimmt hast: Ich will dir vertrauen, du bist mein Gott.
Wenn du mir Schmerzen schickst: Ich will dir vertrauen, du bist mein Gott.
Wenn du mich unverdient leiden läßt: Ich will dir vertrauen, du bist mein Gott.
Wenn deine Hand hart in mein Leben eingreift: Ich will dir vertrauen, du bist mein Gott.
Wenn ich in Armut gerate und auf die Hilfe anderer angewiesen bin: Ich will dir vertrauen, du bist mein Gott.
Wenn ich einsam bin, wenn ich verzweifeln möchte: Ich will dir vertrauen, du bist mein Gott.
Wenn ich schuldig werde, wenn ich dich verlassen habe: Ich will dir vertrauen, du bist mein Gott.
Wenn mich die Angst packt, wenn der Tod auf mich zukommt: Ich will dir vertrauen, du bist mein Gott.

Schätze deiner Gnade und Treue

Du hast nach deiner Güte mit uns gehandelt und uns die unermeßlichen und unfaßbaren Schätze deiner Gnade und Treue aufgetan. Wir bitten dich, allmächtiger Gott, laß uns daran denken, wer wir sind, und Leid darüber tragen. Laß uns nicht vergessen, was für Menschen wir waren, als du uns zu Kindern annahmst: Wie oft und wie mannigfach haben wir dich erzürnt und deinen Bund gebrochen! Laß uns in unserer Unehre dir die Ehre geben und in Demut deinen Namen stets verherrlichen, bis wir an jener Herrlichkeit teilhaben werden, die uns dein eingeborener Sohn erworben hat durch sein eigen Blut.

Johann Calvin

Frieden

Herr,
mach mich zum Werkzeug
deines Friedens!

Franziskus von Assisi

Mache mich zum Werkzeug deines Friedens

Herr, mache mich zum Werkzeug deines Friedens:
daß ich Liebe übe, wo man sich haßt;
daß ich verzeihe, wo man sich beleidigt;
daß ich verbinde, wo Streit ist;
daß ich die Wahrheit sage, wo der Irrtum herrscht;
daß ich den Glauben bringe, wo der Zweifel drückt;
daß ich die Hoffnung wecke, wo Verzweiflung quält;
daß ich Licht entzünde, wo die Finsternis regiert;
daß ich Freude mache, wo der Kummer wohnt.

Ach Herr, laß du mich trachten:
nicht, daß ich getröstet werde,
sondern daß ich andere tröste;
nicht, daß ich verstanden werde,
sondern daß ich andere verstehe;
nicht, daß ich geliebt werde,
sondern daß ich andere liebe.

Denn wer da hingibt, der empfängt;
wer sich selbst vergißt, der findet;
wer verzeiht, dem wird verziehen;
und wer stirbt, erwacht zum ewigen Leben.

Franziskus von Assisi

Bis du mich heimholst in deinen Frieden

Herr, ich flehe dich an,
schweige nicht und entferne dich nicht von mir.
Sprich in meinem Herzen in aller Wahrheit,
denn das kannst nur du.
Ich will mich zurückziehen in meine Kammer,
will dir Hymnen der Liebe singen,
und in unaussprechlichen Seufzern will ich
auf der Pilgerschaft Jerusalems gedenken,
will mein Herz erheben
zu Jerusalem, das meine Mutter ist,
und zu dir, mein Gott,
der du ihr König bist, ihr Licht,
ihr Vater, Schützer und Bräutigam,
ihre reine, tiefe Freude,
ihr sicheres Glück und ihre Wonne,
ihr unsagbar großes Gut,
du einzig wahres, höchstes Gut.
Ich will mich nicht abwenden von dir,
bis du mich heimholst in deinen Frieden,
in den Frieden dieser liebsten Mutter,
bis du mich sammelst
aus aller Zerstreuung und Entstellung
und mich bildest für die Ewigkeit,
mein Gott, du mein Erbarmen.

Augustinus

In dir ist mein Leben

Du Wahrheit und meines Herzens Licht,
laß nicht meine Finsternis zu mir sprechen!
In sie bin ich hinabgesunken,
und ich fand mich wieder im Dunkel;
aber selbst darin habe ich dich geliebt.
Ich bin auf Irrwege geraten,
doch ich habe mich an dich erinnert.
Ich hörte deine Stimme hinter mir,
die mich rief, zu dir zurückzukehren;
doch ich hörte sie nur mit Mühe,
weil in mir die Friedlosigkeit vorherrschte.
Aber jetzt kehre ich zu dir zurück,
ich dürste und sehne mich nach deinem Frieden.
Niemand soll es mir verwehren,
aus deiner Quelle mich zu nähren.
Aus ihr will ich trinken und leben.
Ich will nicht selbst mein Leben sein;
denn aus mir habe ich mein Leben verfehlt,
bin zum Tode mir geworden.
In dir lebe ich wieder auf.
Sprich du zu mir und weise mir den Weg!
Deinem Wort vertraue ich mich an,
auch wenn es ein tiefes Geheimnis bleibt.

Augustinus

Gott, sei mir gnädig!

Du heiliger und allwissender Gott!
Wer zu dir kommt, den willst du nicht von dir stoßen. So hast du gesagt. Darum bringe ich in dieser Stunde alles zu dir, was mich schon lange bedrückt.

Herr, ich habe oft gegen dich gesündigt, und darum war mein Leben ohne Frieden und Freude. Ich habe gemeint, ich käme ohne dich durch. Ich habe mich über deinen heiligen Willen hinweggesetzt.

Auch an Menschen habe ich mich wieder und wieder versündigt. Diese Schuld liegt schwer auf mir. Du bist der einzige, der sie mir abnehmen kann. Du bist gnädig und bietest mir die ganze Vergebung an.

Auf dein Wort hin bitte ich dich: Um deines Sohnes Jesu Christi willen sei mir gnädig. Schaffe in mir, Gott, ein reines Herz und gib mir einen neuen, beständigen Geist. Tilge alles Böse und reinige mich durch und durch. Hier hast du mein ganzes Leben, dir soll es gehören in Zeit und Ewigkeit.

Und nun, Herr, mache es mit mir, wie es dir gefällt. Erhalte mein Herz dabei, daß ich in allen Dingen nach dir frage. Rüste mich aus mit deines Geistes Kraft, daß ich dein Lob durch mein Leben vermehre.

Reinhard Berggötz

Für Frieden und Zukunft

Ein Fürbittengebet sprechen wir,
aber wir
wissen nicht, was wir beten sollen,
wie sich's gehört.
Es verschlägt uns die Sprache
und Furcht befällt uns,
wenn wir die täglichen Bilder sehen
von der Macht der Menschen über Menschen.
Furcht oder Gleichgültigkeit
verschließen uns Augen und Ohren,
wenn wir vom Frieden hören,
dem wir nicht trauen können,
der uns das Lachen im Hals stecken läßt.

Wir wissen nicht,
was wir beten sollen
in dieser Welt der Gewalt
und des Unfriedens,
in dieser Welt der Abwesenheit von Liebe.

Wir beten für uns selbst,
daß die Liebe keine Furcht mehr fürchtet,
daß die Liebe einen einzelnen Menschen erkennt,
daß die Liebe,
die Gott ist,
den Menschen in der Hand des Menschen wahrnimmt
und ohne Furcht hilft.
Wir beten für einen Frieden,
der gewaltiger ist als alle Ordnungen,
der Unordnung unter uns und unter den Völkern
geduldig beseitigt,

für einen Frieden,
dem wir trauen können,
der unser Lachen wieder frei macht.

Wir beten
für einen Frieden, der Zukunft hat,
weil allein dem Frieden
die Zukunft gehört.

Frieden stiften

Jesus, du hast gesagt:
»Selig sind die Friedfertigen;
denn sie werden Gottes Kinder heißen.«

Haß überwinden,
Streitende versöhnen,
den Krieg bekämpfen,
zum Frieden erziehen:
Gott sei Dank, es gibt viele,
die sich dafür einsetzen.
Ich will zu ihnen zählen,
mich mit ihnen mühen,
auch wenn die Mühe vergeblich scheint.
Ich bitte dich: Stehe mir bei.
Hilf deinen Brüdern und Schwestern.

Ich werde gesucht

Mein Herr Jesu Christus,
du bist ja der alleinige Hirte
und ich leider das verlorene Schaf,
das in die Irre gelaufen ist.

Mir ist angst und bang,
ich wollte gerne gut sein,
einen gnädigen Gott
und Frieden im Gewissen haben.

Nun höre ich,
daß du dich ja nach mir sehnst,
wie ich nach dir.
Mir ist angst und weh,
wie ich zu dir komme
und wie mir geholfen werde.
So bist du in Angst und Sorge
und begehrst nichts anderes
als daß du mich wieder zu dir bringest.

So komme nun zu mir,
suche und finde mich,
daß ich ebenso auch zu dir komme
und dich lobe und ehre ewiglich.

Nach Lukas 15, 3–6

Erst spät habe ich dich geliebt

Erst spät habe ich dich geliebt,
du ewige Schönheit, sehr spät.
Du warst in mir, ich aber war draußen.
Dort suchte ich nach dir;
ich war selbst entstellt,
suchte aber die schönen Geschöpfe,
das Werk deiner Hände.
Du warst mit mir, ich aber war nicht in dir.
Jene Geschöpfe hielten mich fern von dir,
doch auch sie wären nicht ohne dich.
Laut riefst du nach mir
und hast meine Taubheit durchbrochen.
Meine Blindheit hast du im Nu geheilt.
Deinen Wohlgeruch hast du verbreitet,
ich nahm dich wahr und atmete auf.
Ich erkannte dich
und bin jetzt hungrig
und durstig nach dir.
Du hast mich angerührt,
die Sehnsucht nach deinem Frieden verzehrt mich.

Augustinus

Bitte um Frieden

Gib Fried zu unsrer Zeit, o Herr,
groß Not ist jetzt vorhanden;
der Feind begehrt nichts anders mehr,
denn daß er bring zu Schanden
den Namen Christ'
und dämpf mit List
wahrn Gottesdienst auf Erden.
Solchen erhalt
durch dein Gewalt,
du hilfst allein in Gfährden.

Gib Fried, den wir verloren han
durch Unglaub und bös Leben.
Dein Wort hast uns geboten an,
dem wir all widerstreben.
Denn wir zum Teil
dies unser Heil
mit frevler Gwalt austreiben,
zum Teil ohn Grund – bekennens rund –
ohn herzlich Frommsein bleiben.

Gib Fried, auch deinen Geist uns send,
der unser Herz durch Reue
und herzlich Leid um unser Sünd
in Jesu Christ erneue,
auf daß dein Gnad
all Schand und Schad,
all Furcht und Kriegsgefährde
von uns abkehr,
dadurch dein Ehr
bei allem Volk groß werde.

Nach der Antiphon *Da pacem Domine*
von Wolfgang Capito 1478–1541

Verleih uns Frieden!

Verleih uns Frieden gnädiglich,
Herr Gott, zu unsern Zeiten.
Es ist doch ja kein andrer nicht,
der für uns könnte streiten,
denn du unser Gott alleine.

Gib unserm Volke und aller Obrigkeit
Fried und gut Regiment,
daß wir unter ihnen
ein geruhig und stilles Leben führen mögen
in aller Gottseligkeit und Ehrbarkeit.

Antiphon *Da pacem Domine*
übersetzt von Martin Luther

Die Vorgabe

Allmächtiger Gott,
du hast uns deinen Sohn gegeben!
dieses Geschenk erhalte uns.

Wir fallen und straucheln oft
mit Gedanken, Worten und Werken;
das verdirbt uns die Freude,
die wir in dir haben sollen.

Darum, ob wir wohl täglich sündigen,
unfleißig und undankbar sind,
so bleibe du doch unser Gott,
sei freundlich und holdselig,
damit wir erhalten werden
in Friede und Freude
des Heiligen Geistes.

Nach Psalm 90, 16 und 17

Hilfe

Ach Herr, erbarme dich meiner!
Du bist der Arzt, und ich bin krank.

Augustinus

Herr, erfülle mein Sehnen

Herr, mein Gott,
neige dein Ohr meinem Gebet,
in deinem Erbarmen erfülle mein Sehnen;
denn es brennt nicht nur für mich,
auch den Brüdern will es dienen in Liebe.
Du siehst in mein Herz und weißt darum.
Deinem Dienst möchte ich
mein Denken und Reden weihen.
Gib mir, was ich dir darbringen kann,
denn ich bin elend und arm,
du aber hast reiche Gaben
für alle, die dich anrufen.
Du bist frei von Sorgen
und machst dir Sorgen um uns.
Reinige meinen Mund und mein Herz
von aller Anmaßung und Lüge.

Augustinus

Gehalten

Ich halte fest,
weil ich festgehalten werde,
weil ich festgehalten wurde.
Du wirst mich auch weiter festhalten.
Nimm mir die Angst,
als hielte ich nicht fest.

Heinrich Giesen

Nicht Heer oder Kraft

Du schlägst uns gerade das,
o Herr und Gott, aus der Hand,
worauf wir so gern vertrauen.
Die einen vertrauen öffentlich darauf,
die andern vertrauen heimlich darauf.
Du aber sagst: Es soll nicht durch
Heer oder Kraft,
sondern durch meinen Geist geschehen.
Wir lieben Heer. Wir schätzen Kraft.
Nichts geht uns über unsere
eigene Macht, eigene Überzeugung,
eigene Meinung, eigene Kraft.
Du schlägst uns alles aus der Hand.
Du sagst: Nur durch deinen Geist
geschehe etwas nach deinem Willen
in der Kirche und in der Welt.
So bitten wir dich denn
um deinen Heiligen Geist,
daß wir endlich auf Heer oder Kraft,
auf all das, was wir gern
in Händen behalten,
auf all das,
worauf wir nicht verzichten möchten,
endlich verzichten
und all unser Vertrauen
auf dich allein setzen.
Nur wenn wir still werden vor dir,
werden wir stark sein in dir.

Heinrich Giesen

Mein Schöpfer, erhöre mich

Herr, gib mir ein Herz, das an dich denkt;
eine Seele, die dich liebt,
einen Geist, der dich bewundert,
einen Verstand, der dich begreift,
eine Vernunft, die sich nach dir richtet
und die Weisheit der Liebe, die weise liebt.
Du bist das Leben, für das ich lebe;
ohne dich sterbe ich.
Du bist das Leben,
durch das ich aufgerichtet wurde;
ohne dich bin ich verloren.
Du bist das Leben, das mir Freude schenkt;
ohne dich leide ich.
Lebendiges Sein, seliges und liebenswertes,
unvergängliches Leben.
Bitte sag mir: Wo kann ich dich finden?
Damit ich mir selber sterbe und für dich lebe.
Sei mir nahe in der Seele,
im Herzen und auf meinen Lippen.
Hilf mir, denn ich bin krank vor lauter Liebe.
Ohne dich kann ich nicht leben,
allein der Gedanke an dich richtet mich auf.

Augustinus

Bete

Zwar steht in der Bibel,
wir sollten beten ohn' Unterlaß.
Herr, wir danken dir,
daß du uns dazu einlädst.
Aber sicherlich ist damit nicht gemeint,
daß wir dauernd mit dir sprechen.
Gewiß ist damit gemeint
dein großes Angebot,
du seist ohn' Unterlaß ansprechbar
und wir dürften ohn' Unterlaß mit dir reden.
Du willst kein geteiltes Leben.
»Bete und arbeite« willst du nicht.
Sondern du willst uns sagen:
Bete beim Arbeiten,
arbeite betend.

Heinrich Giesen

Erbarme dich meiner!

Wenn ich dereinst mit dir vereint sein werde,
mit meinem ganzen Wesen,
dann wird kein Schmerz
und keine Mühsal mich bedrücken.
Dann erst wird mein Leben wahres Leben sein,
ganz erfüllt von dir.
Wen du erfüllst, den richtest du auf;
ich aber bin noch nicht voll in dir
und bin mir selber zur Last.
Freuden, über die ich weinen müßte,
streiten sich in mir mit Kümmernissen,
über die ich froh sein müßte.
Und ich weiß nicht,
wem der Sieg gehören wird.
Falsche Trauer streitet sich noch in mir
mit dem, was wahre Freude ist,
und ich weiß nicht,
wer den Sieg davontragen wird.
Ach Herr, erbarme dich meiner!
Du bist der Arzt, und ich bin krank;
Du bist voll Erbarmen,
und ich bin erbarmungswürdig.

Augustinus

Seine Nerven

Herr, laß es nie soweit kommen mit mir,
daß ich den andern nötige,
mich um Verzeihung zu bitten.
Laß es mich vorher abwenden.
Laß mich seine Vorwürfe auffangen,
sie ablenken.
Der andere ist mit seinen Nerven fertig.
Er meint es nicht so.
Er brach nur aus.
Hilf mir, daß ich mit meinen Reaktionen
ihn nicht in die Ecke dränge,
in der er wehrlos
und sich verhaspelnd landet.
Ich bringe ihn sonst
nur seiner Verzweiflung näher,
aber nicht der verstehenden Liebe.
Nicht deiner Liebe.

Heinrich Giesen

Ausharren

Herr, hilf mir! Denn das
Wasser geht mir bis an die Kehle.
Ich versinke in tiefem Schlamm,
wo kein Grund ist:
ich bin in tiefe Wasser geraten,
und die Flut will mich ersäufen.
Ich habe mich müde geschrien,
mein Hals ist heiser.
Meine Augen sind trübe geworden,
weil ich solange harren muß
auf meinen Gott.

Psalm 69, 2–4

Du bleibst

Du Auferstandener
hast dich nicht gelöst von deinen
Menschen.
Du machst weiter an uns,
wie du es angefangen hattest
bei den ersten Jüngern.
Du machst weiter an der Welt.
Wir danken dir,
daß du geblieben bist, als du gingst.
Und alle Tage bleiben wirst,
wie du es versprachst.
Dein Wort erreicht uns heute,
wie es die Damaligen erreicht hat.
Du bist unser.
Wir sind dein.

Heinrich Giesen

In Bedrängnis

Gott und Herr! Ich weiß nicht mehr weiter. Gegen die anderen, die stärker sind, komme ich nicht mehr an. Die Konkurrenz macht mich fertig. Sie haben mehr Geld, mehr Beziehungen, mehr Glück. Vielleicht entschließe ich mich oft auch zu spät, weil ich älter und zaghafter geworden bin. Meine Kinder machen mir Vorwürfe. Sie nehmen mich nicht mehr für voll. Aber wie soll ich wagemutig sein, wenn die Steuern mich auffressen. O Gott, die Angst vor der Zukunft! Der Erweiterungsbau, die Umstellung – das hat wahrhaftig Kraft gekostet. Aber es war nichts gegen die Finanzsorgen, die Steuerängste, die mich jetzt überfallen. Morgen werde ich bei den Kollegen wieder der Überlegene, der Heitere, der Zuversichtliche sein. Ach, wie graut mir vor diesem Tarnspiel, vor dieser aufgezwungenen Reklameheuchelei! Herr, du weißt besser, wie es um mich steht. Gib mir Glauben. Verjage aus meinem Inneren die Bitterkeit, die fressende Sorge, den Neid. Ich bin so am Ende. Laß mich nicht scheitern.

Kurt Müller-Osten

Gebet in großer Notlage

Herr, ich kann mit niemandem über das reden, was in mir vorgeht. Vielleicht gibt es sogar Menschen, die mir helfen wollen, aber ich bin unfähig zu beschreiben, was mir fehlt. Ich bin nur einsam. Ich habe Angst vor der Zukunft. Ich kann nicht einmal mehr glauben und beten, weil ich nicht sicher bin, ob es dich überhaupt gibt. So viele Menschen sind erfolgreich, glücklich, gesund und zufrieden – warum habe ich mich in die Einsamkeit verloren?

Warum kann ich nicht Freude verbreiten und ein Mensch sein, der andere anzieht – den andere ins Vertrauen ziehen – der beliebt ist und eine Atmosphäre der Fröhlichkeit um sich verbreitet?

Wie hast du es nur gemacht, Herr Jesus, gelassen zu bleiben – obwohl der Wille Gottes, unschuldig für andere, schuldige Menschen zu sterben, bekannt war – obwohl man dich absichtlich mißverstand, beleidigte und du in der Todesstunde von deinen Freunden und selbst deinem Vater im Himmel verlassen warst?

Herr, wer möchte nicht gern jemanden haben, dem er bedingungslos vertrauen kann. Dem man nicht mit Selbstbeherrschung imponieren muß. In dessen Gegenwart man ruhig weinen darf.

Hilf mir, Herr, mit dir zu reden, wenn ich Kummer habe, und dir zu danken, wenn ich mich freuen kann. Hilf mir, im Bewußtsein deiner Nähe zu weinen und mit dir zu reden, wenn mich vor Einsamkeit und Hilflosigkeit die Verzweiflung überwältigt.

Hilf du den Menschen, die ich liebhabe, Herr, und denen ich es nicht sagen kann.

Hilf mir, auch mit dir zu reden, Herr, wenn ich keinen Mut mehr habe. Nimm mich an als dein Kind, Herr Gott, mein Vater im Himmel.

G. P. Pawlitzki

Dein Geschenk

Herr, du hast mir Haus und Besitz,
Kinder und Schwiegerkinder,
Enkel und gute Tage des Lebens geschenkt.
Du gewährtest Erfolg und Bewahrung
vor Bosheit und Krankheit und vor allem Argen.
Und dennoch bin ich manchmal vergeßlich
und undankbar und unfähig, dir für alles zu danken.
Hilf mir, immer aufs neue dir dankbar zu sein!
Hilf und erhalte mir deine Gnade und Treue!
Laß deine Hilfe für unser Leben nicht aufhören.
Herr, wir glauben!
Hilf gegen unseren Unglauben!

Helmut Ludwig

Über die Mauer

Mein Herr und Gott,
mich fragte einer,
ob ich das schon erlebt habe.
Er fragte mich, ob ich schon mit dir
über die Mauer gesprungen sei.
Ich antwortete ihm:
»Lieber Bruder, ich bin nicht mit Gott
über die Mauer gesprungen.
Sondern Gott ist mit mir
über die Mauer gesprungen.«

Nach Psalm 18,3
von Heinrich Giesen

Mut fassen

Herr, ziehe du mich,
hilf mir
und schenke mir die Kraft und Gabe,
daß ich's glauben kann:
Ein neues, reines Herz
vermag ich nicht zu machen,
es ist dein Geschöpf und Werk.

Gleichwie ich die Sonne und den Mond
nicht machen kann,
daß sie aufgehen
und hell scheinen am Himmel,
so wenig kann ich auch schaffen,
daß das Herz rein sei
und ich einen gewissen Geist,
einen starken festen Mut habe,
der unerschütterlich ist
und nicht zapple, zweifle oder wackle
an deinem Wort.

Nach Psalm 51,12–14

Zuflucht bei dir

Allmächtiger Gott! Da wir nichts sind, ja noch weniger als nichts, so verleihe in Gnaden, daß wir unsere Nichtigkeit erkennen und das Vertrauen auf uns selbst oder auf die Welt fahren lassen. Lehre uns, unsere Zuflucht in Demut bei dir zu suchen und unser gegenwärtiges Leben und ewiges Heil vertrauend in deine Hände zu legen, damit wir auf dem ganzen Lebenswege dein Eigentum sind und dir die Ehre geben. Laß uns in demütigem Gebet dich beharrlich anrufen, damit du uns nicht nur einmal hilfst, sondern uns die Gewißheit schenkst, daß du immerdar allen nahe bist, die dich ernstlich und von Herzen anrufen, bis wir endlich zur vollen Seligkeit gelangen, die uns im Himmelreich bereitet ist durch Jesum Christum, unsern Herrn.

Johann Calvin

Fürbitte

Wir müssen wissen,
daß es nicht um uns alleine geht,
wenn wir zu dir sprechen,
sondern auch um alle andern Menschen.

Die jungen Leute

O Gott, ich erschrecke,
daß ich zu selten für die jungen Leute
gebetet habe.
Ich dachte, es sei gut und recht,
wenn ich ihnen
die Grenzen ihrer Freiheit aufzeigte.
Aber ich vergaß, daß dies
dein Gut und dein Recht ist.
Bewahre mich davor,
den Jungen die Grenzen dort festzulegen,
wo ich sie vor 20, 30, 40 Jahren setzte.
Du gibst jeder Generation
deine Freiheitspositionen bekannt.
Darum bitte ich dich,
bewahre mich vor Krampf.
Krampf ist dir widerlich.
Deine Freiheit entkrampft.
Und ich weiß,
daß Verkrampfte nicht befreien können.
Verkrampfte haben keinen Zugang
zu den Jungen.
Ich bitte dich um Zugang zu ihnen.
Bewahre unsere jungen Leute davor,
sich die Freiheit zu nehmen wie einen Raub.
Denn durch dich sind sie befreit,
mein Herr und Heiland.
Laß die jungen Leute die Freiheit
aus deiner Hand nehmen.

Heinrich Giesen

Sende deinen Heiligen Geist

Allmächtiger Gott, barmherziger Vater, sende deinen Heiligen Geist; das bitten wir dich um Jesu Christi willen.
Steure die Hände der Ärzte, daß sie heilen können. Leite die Gedanken der Lehrer, daß sie vermitteln können.
Gib den Richtern Erkenntnis der Wahrheit, daß sie Gerechtigkeit üben. Schenke den Mächtigen den Willen zum Frieden, daß sie die Völker verbinden.
Gib den Christen Kraft, daß sie verkündigen können.
Wir bitten dich für die ganze Welt: Laß Frieden sein!
Wir bitten dich für die Menschen unseres Landes: Lehre uns Bescheidenheit und Brüderlichkeit. Wir bitten dich für unsere Stadt: Schaffe dir Raum in den Schulen, mache dir Platz in den Betrieben, rufe die Menschen in den Ämtern, gib Freude in den Krankenhäusern. Behüte die, die heute mit dem Wagen, mit der Bahn oder mit dem Flugzeug, mit dem Schiff oder zu Fuß unterwegs sind. Herr, deine Gnade ist der Atem unseres Lebens. Wir bitten dich um Gnade für unsere Gemeinde in allen ihren Zweigen. Mache unsere Gottesdienste lebendig, führe Menschen in die Diakonie und Mission, öffne Menschen den Weg in die Kantorei, in unsere Kreise und Gruppen. Mache alle stark zum Helfen und Trösten und nimm die Menschen, denen Fröhliches oder Trauriges widerfuhr, in deine bergende Obhut.

Peter Spangenberg

Mach unser Leben lebenswert

Wir denken fürbittend
an alle,
die durch den Tod eines Menschen betroffen wurden,
deren Leben durch den Tod eines Menschen
verändert wird.

In diesen Tagen
wurden im Bereich unserer Gemeinde Menschen
aus dem vollen Leben herausgenommen,
Menschen, die dringend gebraucht wurden,
Frauen, auf die viele meinten
nicht verzichten zu können.

Wir denken in dieser Fürbitte
an alle,
die durch das Sterben eines Menschen
belastet werden:
an Ärzte, an Schwestern, an die Familien,
an die Freunde.
Wir klagen den Tod an,
der aus dem vollen Leben herausreißt.
Wir verklagen einen Tod,
der so auch uns morgen treffen kann.

Herr Christus,
du hast deinen Tod todernst genommen.
Du nimmst auch den Tod deiner Geschöpfe todernst.
Du hast das Leben für uns gewonnen.
Mach unser Leben
lebenswert.

Unter uns leben Menschen,
die wir acht Stunden am Tag kennen,
gut kennen,
die wegen ihrer Fachkenntnisse acht Stunden
gebraucht werden,
Tag für Tag,
die wegen ihrer Einsatzbereitschaft
acht Stunden am Tag beliebt sind,
die acht Stunden begehrt sind,
weil sie in ihrer beruflichen Funktion
schwer zu ersetzen sind.
Aber nach acht Stunden sind sie allein,
sind sie Menschen auf dem Nullpunkt.

Herr Christus,
gib uns Augen in der Geschäftigkeit der Woche,
die Einsamkeit des Nachbarn aufzuspüren.
Es ist ein köstlich Ding,
geduldig sein und auf die Hilfe des Herrn hoffen,
heißt es.
Wer aber weiß,
daß du deine Hilfe
immer nur durch uns Menschen schickst,
daß du uns zu Menschen schickst?

Die Kirchenleitung

Unser Herr Jesus Christus,
du Hirte und Bischof unserer Seelen,
wir bitten dich für unsere Kirchenleitungen.
Du hast sie gesetzt,
daß sie die weiden sollen,
die da weiden müssen.
Schenke ihnen den Überblick,
den der Hirte hat,
wenn er zur Weide treibt.
Schenke den Kirchenleitungen den Einblick,
den der Hirte hat,
um den Notstand der Herde zu erkennen.
O Herr, führe sie und leite sie
nach deinem Wort,
damit sie unseren Gang leiten können,
nur nach deinem Wort.

Heinrich Giesen

Die reine Lehre

O Herr der Kirche,
du Bischof und Hirte der deinen.
Es gibt viele Stimmen in deiner Kirche.
Aber manche Stimmen stimmen nicht.
Sie stimmen zwar überein,
aber sie sind nicht deine Stimme.
Wer wacht nun darüber,
daß deine Stimme zu Wort kommt?
Wer hat die reine Lehre?
Herr, bewahre uns davor,
daß wir nach links und rechts
die von uns verdächtigten
Stimmen totschreien.
Du selbst bleibst der Wächter Israels.
Sollten wir Wächter über Israel bleiben,
wer bewacht denn uns?
Du bist doch der Wächter der Wächter.
So bitten wir dich denn,
setze du dich selber durch,
setze du dich mit uns durch.
Wenn es sein muß,
setze du dich gegen uns durch.
Denn du bist der rechte Lehrer.
Und nur unter dir
bleiben wir in der rechten Lehre.
So sei bei uns wohl auf dem Plan
mit deinem Geist und Gaben.

Heinrich Giesen

Hier bin ich! Sende mich!

Lieber Vater im Himmel, durch deinen Sohn Jesus Christus hast du uns gezeigt, daß du uns rufst und brauchst:
Hier sind wir! Sende uns!
Wir wollen deine Kinder sein und deinen Willen tun.
Zeige du uns sonntags und alltags, was wir tun sollen:
Hier sind wir! Sende uns!
Wir wissen, daß es viele Menschen und besonders viele Kinder in der Welt gibt, die in großer Not sind.
Wir wollen gern helfen.
Hier sind wir! Sende uns!
Laß einen jeden von uns morgens und abends beten:
Hier bin ich! Sende mich!
Vater unser im Himmel, geheiligt werde dein Name, dein Reich komme, dein Wille geschehe wie im Himmel, so auf Erden. Unser tägliches Brot gib uns heute und vergib uns unsere Schuld, wie auch wir vergeben unsern Schuldigern. Und führe uns nicht in Versuchung, sondern erlöse uns von dem Bösen, denn dein ist das Reich und die Kraft und die Herrlichkeit in Ewigkeit. Amen.

Peter Spangenberg

Blutende Welt

Nimm dich deiner geliebten Welt an.
O Gott, du hast sie so geliebt,
daß du deinen eigenen Sohn
für sie dahingabst.
Aber die Welt blutet aus tausend Wunden.
Sünde und Blut in Stadt und Land,
in Häuserschluchten und Großstädten
und im Dschungel.
Was kann deine Gemeinde
in solcher Not tun?
Verändere uns, bis wir daran leiden,
daß dein Wille nicht geschieht auf Erden,
wie er doch im Himmel geschieht.
Laß uns mit dir daran leiden,
daß deine Liebe zur Welt
in der Welt ohne Echo bleibt.
In unserer Zeit ist so viel Blut vergossen
wie selten vorher.
Behüte uns davor, daß wir uns
von dieser blutenden Welt abkehren
und leichtfertig wiederholen,
die Sünde sei eben der Leute Verderben.
Wir bekennen dir selber unsere Sünden
in unseren Reihen aneinander
und die Sünden an der Welt um uns herum.
Denn es ist Sünde, heute nicht zu leiden.

Heinrich Giesen

Beten und denken

Herr,
wir haben oft gebetet,
ohne uns etwas dabei zu denken.
Wir müssen aber denken, wenn wir beten.
Wir müssen wissen,
daß es nicht um uns alleine geht,
wenn wir zu dir sprechen,
sondern auch um alle andern Menschen.
Sie brauchen Hilfe wie wir,
oft sehr viel mehr.
Es ist nicht genug,
wenn wir dich bitten, daß du ihnen hilfst.
Wir müssen wissen,
daß du ihnen helfen willst durch uns.
Gib uns die Kraft, uns selbst zu überwinden,
abzugeben von unserm Überfluß,
abzugeben von unsrer Liebe.
Gib uns die Kraft, das Gute zu tun,
das wir ja wollen.
Gib uns die Kraft dazu,
gib uns die Kraft.

Fürbitte für einen Witwer

Herr! Heute möchte ich dich für einen Menschen bitten, dessen Not mir ans Herz greift. – Mit seinem kranken Herzen hatte er immer gedacht, er werde seine von ihm so sehr geliebte Frau nicht überleben. Nun ist sie ihm genommen. Nun fühlt er sich in seinem Alter verlassen und, trotz seiner erwachsenen Kinder, allein. Es ist traurig zu sehen, wie sehr dieser zarte, feinsinnige Mensch leidet, wie tief er die Lebensgefährtin vermißt. All sein innerer Reichtum, sein Wissen, seine Kunst – was ist das gegen den geistigen Austausch, gegen das immerwährende Gespräch, das seine Ehe war. Ja, er müht sich, dieses plötzliche Sterben, das Todesschicksal von uns Menschen – dich, Herr, zu begreifen. Gib ihm Licht, die Tür zu dir hin zu öffnen, damit du bei ihm eintreten kannst. Zeige ihm, daß das Kreuz uns nicht auf den Abweg, sondern in die Wahrheit führt. Daß es uns bindet und einigt, um uns zum wirklichen Leben zu befreien. Daß das Sterben nicht das Letzte ist; daß der Tod dir dienen muß. Herr, laß mich, bitte, die rechte Art finden, diesem Einsamen ein kleiner Steg zu werden in die Schar deiner Befreiten.

Kurt Müller-Osten

Menschen, die allein sind

Herr, wir denken jetzt an die Menschen,
die allein sind,
die keinen finden,
dem sie sich anvertrauen können,
die einsam sind,
weil sie sich auch dir nicht anvertrauen.
Es gibt in unserer Zeit viele von ihnen.
Sie tragen an etwas, das sich kaum sagen läßt;
sie leiden an einer Wunde,
die schwer zu behandeln ist;
sie suchen die Gemeinschaft
und schließen sich doch voneinander ab,
sie wollen Kontakt und finden ihn nicht.

Herr, die Einsamkeit ist schrecklich. Sie vergiftet die Menschen und macht bitter. Sie macht das Altern zur Qual und zerstört. Du aber willst Gemeinschaft und gegenseitigen Austausch. Du gehst sogar ans Kreuz, um uns aus Einsamkeit und Sünde zu retten. Gib, daß wir uns an die Wirksamkeit deines Opfers halten und damit jenen Weg aus der Einsamkeit finden, der zu dir und zur Gemeinschaft zwischen den Menschen führt.

Trost

Was betrübst du dich, meine Seele,
und bist so unruhig in mir?
Harre auf Gott!
Denn ich werde ihm noch danken,
daß er mir hilft mit seinem Angesicht.

Aus Psalm 42

Du bist mein Trost

Dein Erbarmen ist größer als das Leben,
mein Dasein ist bloß dahingelebte Zeit.
Doch deine Hand hat mich aufgenommen
in meinem Herrn, dem Menschensohn,
dem Mittler zwischen dir, dem einen,
und uns, den vielen,
die wir uns zerstreuen
inmitten der Dinge
und aus ihnen leben.
Ihn will ich ergreifen,
der mich schon ergriffen hat,
der mich aufgenommen hat
aus der Leere meiner Tage,
daß ich dem einen folge.
So vergesse ich,
was vergangen ist,
und strecke mich nicht aus nach dem,
was in Zukunft vergehen wird,
sondern nach dem, was ewig bleibt.
So will ich, gesammelt und achtsam,
der Freude deines Hauses entgegeneilen,
wo ich deinem Lobgesang lausche
und deine unvergängliche Freude erfahre.
Noch sind meine Jahre voller Seufzen,
doch du, Herr, bist mein Trost.
Du bist mein ewiger Vater.
Ich lebe dahin in der Zeit
und kenne ihren Ablauf nicht.
In unstetem Wechsel sind zerfahren
mein Denken und das Innerste meiner Seele,

bis ich ganz eins werde in dir,
gereinigt und geläutert
im Feuer deiner Liebe.

Augustinus

Befiehl du deine Wege

Befiehl du deine Wege
und was dein Herze kränkt,
der allertreusten Pflege
des, der den Himmel lenkt.
Der Wolken, Luft und Winden
gibt Wege, Lauf und Bahn,
der wird auch Wege finden,
da dein Fuß gehen kann.

Paul Gerhardt

Welch großer Trost, Herr,

zu wissen,
daß du keine Erfolge forderst,
keine Erträge eintreibst.
Aber du verlangst,
daß wir uns nicht schonen,
daß wir unser Bestes geben,
ohne Überheblichkeit,
ohne Eitelkeit,
ohne Stolz,
die alles zunichte machen.
Vielleicht zählt für dich
in unserem Leben
vor allem der Wunsch,
froh, gelassen, glücklich
zu dir zu gelangen
ohne den Ruhm des Siegers.

Dom Helder Camara

Was Gott tut, das ist wohlgetan

Was Gott tut, das ist wohlgetan,
es bleibt gerecht sein Wille.
Wie er fängt seine Sachen an,
will ich ihm halten stille.
Er ist mein Gott, der in der Not
mich wohl weiß zu erhalten,
drum laß ich ihn nur walten.

Samuel Rodigast

Gott ist Trost für alle

Gott ist dennoch Israels Trost für alle,
die reines Herzens sind.
Ich aber wäre fast gestrauchelt mit meinen Füßen;
mein Tritt wäre beinahe geglitten.
Denn ich ereiferte mich über die Ruhmredigen,
als ich sah, daß es den Gottlosen so gut ging.
Siehe, das sind die Gottlosen;
die sind glücklich in der Welt und werden reich.
Dennoch bleibe ich stets an dir;
denn du hältst mich bei meiner rechten Hand,
du leitest mich nach deinem Rat
und nimmst mich am Ende mit Ehren an.
Wenn ich nur dich habe, so frage ich nichts
nach Himmel und Erde.
Wenn mir gleich Leib und Seele verschmachtet,
so bist du doch, Gott, allezeit
meines Herzens Trost und mein Teil.

Aus Psalm 73

Ich falle getrost in deine Hände

Mein Gott und Herr, ich falle dir
getrost in deine Hände;
nach deinem Rat mach es mit mir
bis an mein letztes Ende;
du weißt getreu, was dienlich sei
mir und den Meinen allen,
drum hilf uns nun, daß unser Tun
dir möge recht gefallen.

Willst du mir geben Sonnenschein,
so nehm ich's an mit Freuden;
soll's aber Kreuz und Unglück sein,
will ich's geduldig leiden;
so mir allhier des Lebens Tür
noch ferner offen stehen:
wie du mich führst und führen willst,
so will ich gern mitgehen.

Soll ich jedoch des Todes Weg
und finstre Straße wallen,
so laß mich auch auf diesem Steg
in deine Hand nur fallen.
Du bist mein Hirt, der alles wird
zu solchem Ende kehren,
daß ich dich dort am ewigen Ort
kann loben, preisen, ehren.

Getrost

Ich bitte nicht um Glück der Erden,
nur um ein Leuchten dann und wann,
daß sichtbar deine Hände werden,
ich deine Liebe ahnen kann;

nur in des Lebens Kümmernissen
und der Ergebung Gnadengruß:
Dann wirst du schon am besten wissen,
wieviel ich tragen kann und muß.

Gesundheit, teures Erdenleben,
ach, schmerzlich hab ich dich entbehrt!
Doch nur um eines mag ich flehen:
Die Seele bleibe ungestört;

daß nicht die wirbelnden Gedanken
der kranke Leib bezwingen mag,
daß durch der bängsten Nebel Schranken
ich immer ahne deinen Tag!

Alter

Hilflos sehe ich, wie mein Leben,
meine Hoffnung,
meine Liebe
zu erstarren drohen.

Glauben an deine Allmacht

Herr, wie arm sind alle die dran,
die sich nicht an dich halten
und sich nicht von dir gehalten wissen!
Ich kann dir nicht genug danken,
daß du mir den Glauben geschenkt hast,
den *Glauben* an deine Allmacht und Vatergüte,
den Glauben, daß dein Wort die Wahrheit sagt,
den Glauben, daß droben unsere Heimat ist.
Vater, ich bitte dich:
in diesem Glauben erhalte mich.
Zweifel und falsche Lehre halte von mir fern.
Laß mich die Bibel immer besser verstehen,
damit ich dich immer mehr erkenne
in deiner Herrlichkeit.
Mit dir möchte ich immer mehr eins werden,
daß ich des Todes Bitterkeit nicht fürchte,
sondern in Frieden hinübergehe
aus der Zeit in die Ewigkeit.
Und was ich für mich erbitte,
das gib auch allen denen, die ich liebhabe,
ja auch allen, die noch fern von dir sind.
Meine Freude ist, daß ich mich zu dir halten darf.
Ich danke dir für diese Freude.

Johannes Dienemann

Mißlingen

Herr, wenn wir ein Paar zitternde Hände sehen,
laß uns daran denken:
auch sie haben ihre Kraft eingesetzt,
um das Überkommene zu bessern.
Daß ihnen nicht alles gelungen ist,
wer will es ihnen vorwerfen?
Hilf uns in unserer Sprunghaftigkeit.
Wie oft sind wir ungerecht in unserem Urteil.
Manchem von uns
ist das Leid nur allzu bekannt,
denn es begleitet ihn jeden Tag,
und manchmal ist es ein Schmerz,
der nicht zu stillen scheint.
Vergessen wir darüber nicht
die kleinen Freuden,
die unseren Tag begleiten,
auch heute.

Gebet eines Alternden

Herr,
ich habe Angst vor dem Tod.
Ich will nicht sterben.
Nicht der plötzliche Tod,
der mich unvorbereitet fällt,
erschreckt mich,
sondern jener Andere,
der in mir arbeitet, seit ich lebe.
Der Tod hockt in mir.
Jahr für Jahr
schwillt er größer an
und arbeitet sich stetig nach draußen.
Ich sehe aus wie ein lebender Mensch,
doch von innen her
frißt mich langsam der Tod auf.
Ich weiß,
daß alle Menschen sterben müssen.
Aber das tröstet mich nicht.
Ich will,
daß der schwellende Tod aus mir
herausgerissen wird
wie ein böses Geschwür.
Meine Angst ist sehr groß.
Wenn es geht,
Bruder Christus,
befreie mich von der Angst.
Ich glaube manchmal,
daß hinter der Angst
der Tod des Todes beginnt.

Befreie mich von der Angst.
Und sage du selber,
da ich es nicht kann,
das Amen.

Eckart Kroneberg

Herr, deine Tage alten nicht

Herr, deine Tage alten
ja nicht wie unsre Zeit,
und deine Hände walten
in alle Ewigkeit.

Birg mich in deine Hände,
in deinen ew'gen Schoß,
und in der großen Wende
sei du allein mir groß!

Heinrich Vogel

Du bist unser Heil

Dank dir, o Gott,
daß wir nicht ganz dem Tode preisgegeben sind.
Du mahnst uns, wachsam zu sein.
Dank dir, daß wir das Gute vom Bösen unterscheiden,
das Böse fliehen, das Gute suchen
und vor Widerwärtigkeiten nicht zurückweichen.
Dank dir, daß wir die Gabe besitzen zu gehorchen
und die Gabe zu befehlen.
Dank dir erkennen wir, daß uns fremd ist,
was wir für das Unsere hielten,
und daß uns eigen ist, was uns fremd erschien.
Dank dir werden wir frei
von den Nachstellungen und Angriffen des Bösen.
Durch dich machen uns
die kleinen Dinge nicht geringer.
Durch dich wird das Bessere in uns
nicht vom Schlechteren erstickt.
Durch dich ist der Tod überwunden.
Gott, der du uns zu dir hinführst,
der du uns freimachst von dem, was nicht ist,
und uns bekleidest mit dem, was ist,
mache uns würdig, daß wir erhört werden.
Du stärkst uns,
die ganze Wahrheit läßt du uns erkennen.
Du flößt uns alles Gute ein,
damit wir nicht zu Toren werden,
und vor der Torheit schützt uns dein Gebot.
Du führst uns auf den guten Weg zurück.
Du begleitest uns bis an das Tor,
und denen, die anklopfen, öffnest du.

Du gibst uns das Brot des Lebens,
und dank dir haben wir Durst nach dem Wasser,
das den Durst für immer stillt.
Du lehrst die Welt, daß es Sünde gibt,
Gerechtigkeit und Gericht.
Dank dir werden wir nicht verwirrt
durch die, welche nicht glauben.
Durch dich werden wir nicht Sklaven
unserer Schwäche und unserer Krankheit.
O Gott, der du uns reinigst und vorbereitest
für die göttlichen Verheißungen,
komm mir in Gnaden entgegen!

Augustinus

Zu Ende denken können,
ist ein schweres Los Ernst Wiechert

Herr, du weißt,
daß ich jetzt
auf Trost warte.
Du weißt,
daß mein Herz schwer ist
und daß es schmerzt.
Du weißt auch,
daß mein Geist
mit meinem wunden Herzen spricht
und sagt:
»Gib dich zufrieden.«
Und du weißt auch,
daß kein Aufbegehren
in mir ist.
Aber das Wissen
um all das Elend,
das wir uns schaffen
in der Welt,
das macht das Herz krank . . .

Du hast an diesem kalten, trüben Tag
für kurze Zeit
die Sonne scheinen lassen.
Sie wärmte mein Gesicht
und auch mein Herz.
Und ich war dir dankbar.
Aber so, wie jetzt die Wolken
wieder die Sonne verdecken,
so verdeckt Traurigkeit
wieder mein Herz.

Herr, du weißt,
daß ich jetzt auf Trost warte.
Du weißt auch,
daß ich meine Torheit einsehe
und dennoch mich sehne
nach menschlicher Wärme
und Verständnis,
wiewohl doch du allein nur
wirklich trösten kannst –
viel besser als eine Mutter,
viel besser als ein Freund.
Aber mein Herz ist fleischlich,
und es denkt törichte Dinge
und will nicht hören
auf die Stimme des Geistes.

Herr, du weißt,
daß ich jetzt auf Trost warte
wie das dürre Land
auf Wasser wartet.
Du weißt auch,
daß ich ausbrechen möchte
aus der Enge,
die mir doch verordnet
und heilsam ist.
Aber was fragt das Herz danach?
Es sehnt sich
und ist töricht.
Es läßt sich verwunden
und sucht Hilfe,
da keine Hilfe ist.

»Gib dich zufrieden«,
mahnt des Geistes Stimme,
»es ist alles eitel.«

Es ist grau und kalt,
und die Sonne bleibt
verborgen hinter den Wolken.
Nichts Irdisches ist,
das da tröstet.
Was wartest du noch länger, Herz?
Gib dich zufrieden!
Trost kommt nur
von oben.
Menschenhände,
Menschenherzen sind schwach.
Was vermögen sie?
Aber du, Herr,
du kannst dies törichte Herz
still machen –
willst du es tun?

Hilde Hofmann

Aus der Angst

Herr, manchmal fühle ich mich erstarrt,
eingefroren in meiner Angst.
Wolken sind bedrohlich aufgezogen.
Hilflos sehe ich,
wie mein Leben,
meine Hoffnung,
meine Liebe
zu erstarren drohen.
Herr, die Strahlen der wärmenden Sonne,
laß sie an Kraft gewinnen,
das Eis zu schmelzen –
und neues Leben beginnt,
von dir geschenktes Leben.

Es ist genug

Es ist genug, mein matter Sinn
sehnt sich dahin,
wo meine Väter schlafen;
ich hab es endlich guten Fug,
es ist genug!
Ich muß mir Rast verschaffen.

Ich bin ermüdt, ich hab geführt
des Tages Bürd,
es muß eins Abend werden.
Erlös mich, Herr, spann aus den Pflug,
es ist genug!
Nimm von mir die Beschwerden.

Die große Last hat mich gedrückt,
ja schier erstickt,
so viele lange Jahre.
Ach laß mich finden, was ich such;
es ist genug
mit solcher Kreuzesware.

Nun gute Nacht, ihr meine Freund,
ihr meine Feind,
ihr Guten und ihr Bösen!
Euch folg die Treu, euch folg der Trug,
es ist genug!
Mein Gott will mich auflösen.

So nimm nun, Herr, nimm meine Seel,
die ich befehl
in deine Händ und Pflege;

schreib sie ein in dein Lebensbuch;
es ist genug,
daß ich mich schlafen lege.

Herzog Anton Ulrich von Braunschweig

Oft war ich auf der Flucht

Ach Herr, nun nimm mich ganz,
so elend, wie ich bin,
und gib in deinem Glanz
dem Dunkel deinen Sinn!

Ich habe viel gefragt,
die Antwort weißt nur du,
ich habe viel geklagt,
bei dir ist Trost und Ruh.

Ich war oft auf der Flucht,
du aber folgtest mir;
Herr, der du mich gesucht
am Kreuz, nimm mich zu dir!

Heinrich Vogel

Herr, erhöre mich

Herr, mein Gott,
du, die eine Hoffnung, die ich habe,
erhöre mich,
daß ich nicht müde werde, nach dir zu fragen,
sondern allzeit brennend nach deinem Antlitz suche.
Gib du mir Kraft, nach dir zu fragen,
denn du ließest dich finden
und gabst mir Hoffnung,
dich immer mehr zu finden . . .
Dich will ich im Sinn haben,
dich verstehen,
dich lieben.
Das alles mehre in mir,
bis du mich umgestaltest
zur Vollendung

Augustinus

Verzeih mir die Trägheit meines Herzens

Lieber Gott, verzeih mir!
Verzeih mir die Trägheit meines Herzens.
Es ist eigentlich nicht so schwer,
jemandem etwas Gutes zu tun.
Ein freundliches Wort,
ein freundlicher Blick,
ein verstehendes Lächeln,
»danke« zu sagen und »bitte«,
auf ein Vorrecht zu verzichten,
einen Vorteil nicht auszunutzen,
auf den der andere verzichten muß.
Es geht doch gar nicht um Tod oder Leben –,
nur um etwas mehr Menschlichkeit.
Und es geht nicht um Kämpfen und Siegen –,
sondern um etwas mehr Barmherzigkeit.
Ich vergebe mir nichts dabei
und gebe doch viel.
Du schenkst mir sehr viel, ich weiß es.
Du liebst mich – ich glaub es doch immer wieder,
und die anderen liebst du ebenso wie mich!
Wir sind alle deine Kinder
und sind doch so hart zueinander.
Befreie mich, Herr, von der Trägheit meines Herzens,
von dem Geizen mit Freundlichkeit,
von der Enge des Denkens.
Befrei mich von mir,
befrei mich zu dir,
laß deinen Augen meine Wege wohlgefallen.

Ich bin ein Mensch, der bald vergeht

Mein Gott, ich weiß wohl, daß ich sterbe;
ich bin ein Mensch, der bald vergeht;
und finde hier kein solches Erbe,
das ewig in der Welt besteht;
drum zeige mir in Gnaden an,
wie ich recht selig sterben kann.

Mein Gott, ich weiß nicht, wann ich sterbe;
kein Augenblick geht sicher hin.
Wie bald zerbricht doch eine Scherbe,
die Blume kann gar leicht verblühn.
Drum mache mich nur stets bereit
hier in der Zeit zur Ewigkeit.

Mein Gott, ich weiß nicht, wie ich sterbe,
dieweil der Tod viel Wege hält;
dem einen wird das Scheiden herbe,
sanft geht ein andrer aus der Welt.
Doch wie du willst! Gib, daß dabei
mein End in dir nur selig sei.

Mein Gott, ich weiß nicht, wo ich sterbe
und welcher Sand mein Grab bedeckt;
doch wenn ich dieses nur erwerbe,
daß deine Hand mich auferweckt,
mag hier, mag dort die Stätte sein,
die Erd ist allenthalben dein.

Nun, liebster Gott, wenn ich soll sterben,
so nimm du meinen Geist zu dir!
Mein Heiland läßt mich nicht verderben;
und hab ich Jesum nur bei mir,
so gilt mir's gleich und geht mir wohl,
wann, wo und wie ich sterben soll.

Worauf es ankommt

Herr Christus,
ich bleibe bei dir
und hange an dir
und glaube an dich,
denn du bist es allein,
auf den es ankommt.

Darnach will ich hingehen
und die zehn Gebote für mich nehmen
und mich in guten Werken üben.

Aber mein Hauptstück soll sein,
daß ich mich an dich halten will
und daß durch dich
mir das Leben geschenkt werde.

Nach Johannes 6, 40

Komm, o komm, du Geist des Lebens

Komm, o komm, du Geist des Lebens,
wahrer Gott von Ewigkeit,
deine Kraft sei nicht vergebens,
sie erfüll uns jederzeit;
so wird Geist und Licht und Schein
in dem dunklen Herzen sein.

Herr, bewahr auch unsern Glauben,
daß kein Teufel, Tod noch Spott
uns denselben möge rauben,
du bist unser Schutz und Gott;
sagt das Fleisch gleich immer nein,
laß dein Wort gewisser sein.

Wenn wir endlich sollen sterben,
so versichre uns je mehr
als des Himmelsreiches Erben
jener Herrlichkeit und Ehr,
die uns unser Gott erkiest,
und nicht auszusprechen ist.

Heinrich Held

Schwach und doch stark

Lieber Gott,
dir sei Lob und Dank,
daß du uns im Wort, Glauben und Gebet
täglich erhältst.

So können wir in Demut und Gottesfurcht
vor dir wandeln,
nicht auf eigene Weisheit und Gerechtigkeit,
Erkenntnis und Stärke pochen,
sondern uns allein deiner Kraft rühmen.

Wenn wir schwach sind,
bist du stark
und behältst den Sieg
durch uns als die Schwachen.

Dir sei Lob und Dank in Ewigkeit.

Nach 2. Korinther 9,9 und 10

Was ich brauche

Siehe, Herr,
ich bin ein leeres Gefäß,
das bedarf sehr,
daß man es fülle.

Mein Herr, fülle es,
ich bin schwach im Glauben;
stärke mich,
ich bin kalt in der Liebe.

Wärme mich und mache mich heiß,
daß meine Liebe herausfließe
auf meinen Nächsten.

Ich habe keinen festen, starken Glauben,
ich zweifle zuzeiten
und kann dir nicht völlig vertrauen.

Ach Herr, hilf mir,
mehre mir den Glauben und das Vertrauen.
Alles, was ich habe,
ist in dir beschlossen.

Ich bin arm,
du bist reich
und bist gekommen,
dich der Armen zu erbarmen.

Ich bin ein Sünder,
du bist gerecht.
Hier bei mir ist die Krankheit der Sünde,
in dir aber ist die Fülle der Gerechtigkeit.

Darum bleibe ich bei dir,
dir muß ich nicht geben:
von dir kann ich nehmen.

Nach Markus 10,23 und 24

Wann ich einmal soll scheiden . . .

Wann ich einmal soll scheiden,
so scheide nicht von mir;
wann ich den Tod soll leiden,
so tritt du dann herfür.
Wann mir am allerbängsten
wird um das Herze sein,
so reiß mich aus den Ängsten
kraft deiner Angst und Pein.

Erscheine mir zum Schilde,
zum Trost in meinem Tod,
und laß mich sehn dein Bilde
in deiner Kreuzesnot.
Da will ich nach dir blicken,
da will ich glaubensvoll
dich fest an mein Herz drücken.
Wer so stirbt, der stirbt wohl.

Paul Gerhardt

Behalte mich in deiner Pflege

Behalte mich in deiner Pflege,
du, der dem Tode mich entrückt,
daß nicht der Trug der eignen Wege
mich kaum Erlösten neu umstrickt.
Du kennst mein Herz in seinem Trutze,
du kennst's in seiner Kreuzesflucht;
behalte mich in deinem Schutze,
behalt mich, Herr, in deiner Zucht.

Behalte mich in der Bereitung
des Heilgen Geistes für und für.
Es würde ohne deine Leitung
ein unfruchtbarer Baum aus mir.
Die Keime selbst der Lieb und Güte,
die du mir neu ins Herz gelegt,
ach, sie verkümmern vor der Blüte,
wo deine Rechte sie nicht pflegt.

Du mußt, was du begannst, vollenden;
aus mir wächst Heilges nicht hervor.
Behalt in deinen Bildnerhänden
mich weiches Wachs, mich schwankes Rohr.
Ob milde Lüfte wehn, ob Stürme,
o laß mich nimmer, nimmer los!
Behalte mich in deinem Schirme
und deiner Liebe treuem Schoß.

Friedrich Wilh. Krummar

Krankheit

Warum suchst du gerade mich aus,
der ich als Gesunder
dir doch viel mehr dienen kann?

Peter Helbich

Stärke der Schwachen

Allmächtiger Gott,
der du bist eine Stärke der Schwachen
und eine Hilfe der Angefochtenen,
ich weiß, daß denen, die dich lieben,
alle Dinge und also auch mir
meine jetzigen Krankheitstage
zum Besten dienen müssen.
Darum danke ich dir auch
für meine gegenwärtigen Leiden.
Ich weiß, daß du mich durch sie
nur vollkommen machen willst,
daß ich keinen Mangel fühle.
Ich bitte dich aber auch herzlich,
du wollest mich im Glauben
und christlicher Geduld fest erhalten.

Gib Linderung der Schmerzen

Herr, Gott, ich falte meine Hände zum Beten und will den Tag mit dir beschließen, wie ich es als Kind immer getan habe. Schenke mir eine ruhige Nacht, daß ich schlafen kann. Gib Linderung der Schmerzen und Besserung der Krankheit. Denke auch an alle die anderen Kranken, die oft noch schwerer da liegen als ich, und gib auch ihnen, was sie brauchen, daß sie diese Nacht gut durchstehen können. Und wenn du uns morgen wieder einen neuen Tag erleben lässest, dann sei uns ganz nahe, daß unser Herz stille wird. So habe Dank, daß du mich nicht verwirfst und ich mit dir einen neuen Anfang machen darf.

In der Not rufe ich dich an, du wollest mich erhören.
(Psalm 86,7)

Reinhard Berggötz

Gib mir neue Kraft

Heiliger Vater,
du schenkst mir einen neuen Tag.
Gib mir neue Kraft
und neue Geduld.
Laß mich stille Einkehr halten bei dir.
Schenke mir den Trost deines Wortes.
Erquicke mich in meiner Mattigkeit,
bewahre mich
vor neuen Schmerzen und dunklen Stunden,
vor Anfechtungen,
vor der Verzweiflung,
vor der Einsamkeit.
Hilf mir den Tag vollenden
und alles mit getrostem Mut hinnehmen,
was du mir auferlegst.
Du bist mein Vater,
ich bin dein Kind.
Mach's mit mir,
wie es dir wohlgefällt.

Ich bin so geschlagen

Vater im Himmel! Ich bin so geschlagen, weil ich bei meiner Krankheit noch gar nicht weiß, was eigentlich ist und nur auf das Warten angewiesen bin. Dieses Warten fällt so schwer. Tausendmal am Tag kommt mir die Frage: bin ich sehr krank oder werde ich bald wieder gesund sein? Diese Ungewißheit zerrt an meinen Nerven. Ich bitte dich, mache du mein Herz ruhig. Auch andere Fragen machen mir viel zu schaffen: warum muß ich daliegen, womit habe ich das verdient? Ich weiß, daß es darauf keine Antwort gibt. Aber zur Ruhe komme ich nur, wenn du mich stille machst.

Sei nur stille zu Gott, meine Seele;
denn er ist meine Hoffnung. (Psalm 62,6)

Reinhard Berggötz

Krankheit und Schmerzen

Herr und Heiland,
mich quälen Krankheit und Schmerzen,
mein Herz ist voll Unruhe,
meine Gedanken verirren sich
in den Gewölben der Angst.
Meine Augen sehen keinen Ausweg aus den
Schrecken des Todes.
Aus der Tiefe schreie ich zu dir.
Du allein kannst mich herausreißen aus
dem Rachen des Verderbens.
Gib meinem Herzen Frieden,
schenke mir die Bereitschaft, anzunehmen
was du schickst, ein neues Wegstück auf
dieser Erde oder den Tod.
Halte mich fest in deinen Händen,
daß ich im Leben und Sterben
geborgen bin bei dir und dein Kreuz
erkenne als die Tür zum ewigen Leben.

Gottfried Klapper

Ans Bett gefesselt

Nun bin ich plötzlich »ans Bett gefesselt«. Das Leben geht auch ohne mich weiter. Es fällt mir nicht leicht, das einzusehen. Auf einmal habe ich Zeit. Ich möchte immer irgend etwas tun. Aber das ist nun fürs erste vorbei. Ich kann auch nicht in einem fort lesen.

Herr, hilf mir, daß ich auch diese Zeit sinnvoll verbringe, daß ich meinem Bettnachbarn und den Schwestern, die hier ihren Dienst tun, nicht auf die Nerven falle; daß ich zum Nachdenken komme über mich selbst und darüber, wie es nach dieser Krankheit weitergehen soll.

Erquicke mich, daß ich fröhlich werde,
ehe denn ich dahinfahre und nicht mehr hier bin.

Du trägst meine Schmerzen
und meine Krankheit

Herr, du hast mir an diesem Tage
meine Schmerzen und Krankheit tragen helfen.
Du legst eine Last auf,
aber du hilfst uns auch.
Die Nacht bricht herein,
bleibe bei mir
mit deiner trostreichen Nähe.
Behüte mich
vor neuer Angst und Qual,
lindere meine Schmerzen,
schenke meinem matten Leibe
einen erquickenden Schlaf.
Und wenn ich keine Ruhe finde,
gib mir heilige Gedanken.
Herr, segne und behüte mich
und die Meinen,
auch alle Kranken und Elenden;
sei uns gnädig
und gib uns Frieden.

Vor einer schweren Operation

Herr, ich möchte noch nicht sterben. Deine Welt ist schön. Sie ist nicht nur ein Jammertal, sondern auch ein blühender Garten. Ich liebe meine Frau. Ich freue mich an meinen Kindern, auch wenn sie mir manche Sorgen machen. Sie brauchen mich noch, und ich brauche sie. Ich möchte noch ein wenig leben.

Auch für die Aufgabe, an der ich stehe. Ich bin noch nicht fertig. Wenn ich jetzt sterben müßte, bliebe vieles unvollendet. Ich habe noch so viele Pläne. Soll alles Denken und Vorbereiten umsonst gewesen sein? Darf ich die Lebenserfahrungen vieler Jahre nicht mehr auswerten – auch für andere? Auch darum möchte ich noch nicht sterben, Herr.

Aber vielleicht ist es nur die Angst vor meinem Tod, die mich so reden läßt. Denn ich bin ja gar nicht unersetzbar. Manchem stehe ich im Wege. Ich merke oft gar nicht, wie sehr ich Last für andere bin. Du allein weißt, wie sehr ich versagt habe. Herr, ich brauche deine Gnade dringender als alles andere, damit ich besser weiterleben kann, wenn ich noch einmal darf. Mit einem neuen Anfang. Dankbarer als bisher. Als besserer Vater; aufmerksamer in der Ehe. Sachlicher im Beruf und barmherziger im Umgang mit den Mitmenschen. Laß mich in deiner Gnade noch einmal eine anvertraute Zeit besser auskaufen.

Im anderen Fall – wenn ich bald sterben soll, laß mich nicht aus deiner Hand fallen, Herr Jesus Christus. Freilich habe ich keinen Anspruch darauf, obwohl ich in meinem Leben treu sein wollte. Aber mein Versagen überwiegt. Das weiß ich. Größer jedoch ist deine Liebe. In sie bette ich meine Angst und meine Zukunft. Und meine Lieben. Herr, du bleibst und willst, daß wir auch bleiben – in dir. Dein Wille geschehe.

Theodor Schober

Mir stehen harte Tage bevor

Ich danke dir, du treuer Gott, daß du mich durch die schwere Stunde der Operation gebracht hast und ich wieder aus der Narkose aufgewacht bin. Nun stehen mir ein paar harte Tage bevor. Hilf, daß ich geduldig sein kann. Halte mich fest, wenn ich in Not komme. Wie ich durchhalte, weiß ich nicht, aber du gibst mir Kraft. Bis hierher hast du mich geführt, führe mich weiter an deiner starken Hand. Hilf auch meinen Angehörigen in diesen Tagen ganz besonders, daß sie auch zu dir beten und alles dir anheimstellen. Laß es sie und mich festhalten, daß du uns führst auf rechter Straße um deines Namens willen.

Wenn ich dich anrufe, so erhörst du mich und gibst meiner Seele große Kraft. (Psalm 138,3)

Reinhard Berggötz

Aufnahme im Krankenhaus

Ich bin im Krankenhaus.
Ich habe ein Bett, ein Zimmer,
meine Sachen sind verstaut.
Schwestern, Ärzte und viele andere
kümmern sich um mich.

Ich hatte mich gesträubt gegen den Gedanken,
daß ich krank sein soll.
Ich hatte Angst vor dem Weg ins Krankenhaus.
Jetzt bin ich da, und es wird viel für mich getan.
Das erleichtert es mir, hier zu sein.

Manchmal bin ich ganz ruhig,
manchmal gehen meine Gedanken
wild durcheinander.
Sorgen und Angst wuchern dann
wie ein dorniges Gestrüpp.

Wie geht es zu Hause ohne mich?
Was kommt hier auf mich zu?
Wird alles gut gehen?
Werde ich es recht machen?
Wird man mich verstehen?

Ich kann mit Schwestern und Ärzten reden.
Ich bekomme Informationen.
Nicht alles ist so dornig, wie ich gedacht hatte.

Herr, ich möchte dir meine Sorgen
und meine Angst sagen.
Du gibst mir Hoffnung und Vertrauen.

Operation

Ich werde operiert.
Ja, Herr, ich weiß, es muß sein.
Wie ein dunkler Weg liegt das alles vor mir.
Man hat mir erklärt, was gemacht wird,
auch welche Risiken dabei sind.
»Aber Sie brauchen wirklich keine Angst haben«,
wurde mir gesagt, und ich will es auch glauben.
Und doch möchte ich,
daß jemand meine Hand nimmt
und mich begleitet auf diesem Weg,
bis da vorne wieder Licht kommt,
bis ich die Augen wieder aufmache.

Herr, Gott, ich vertraue dir. Du bist bei mir.
Deine Hand hält mich in jeder Dunkelheit.
Laß mich nicht versinken in meiner Angst.
Gib den Ärzten ruhige und sichere Hände,
daß sie mir helfen können.
Ich vertraue mich ihnen und dir an.

Warum?

Das ist nicht mehr auszuhalten.
Ich kann und will die Frage
nicht mehr unterdrücken:
Warum gerade ich?
Womit habe ich das verdient?
Ich stehe vor einem Rätsel,
das ich nicht zu lösen vermag.

Ich habe mich bemüht, anständig zu leben,
und nun geht es mir so schlecht!
Bei anderen geht alles glatt.
Wo bleibt da die Gerechtigkeit?
Ich lehne mich auf gegen mein Schicksal.
Ich sehe keinen Sinn darin.
Du vielleicht, Herr?
Ich verstehe dich nicht mehr.

Verstehen kann ich nur noch
deine Frage am Kreuz:
»Mein Gott, mein Gott,
warum hast du mich verlassen?«
Und du erlaubst mir, daß auch ich so frage.

Ich erkenne kein Licht hinter meinem Kreuz.
Aber es tut mir gut,
daß ich so fragen und klagen darf.
Herr, gib mir Menschen,
die das mit mir aushalten können!

Ein neuer Tag

Du lebendiger Herr hast wieder einen neuen Tag geschenkt. Die Sonne ist wieder aufgegangen. Habe Dank für diesen lieben Gruß. Deine Güte ist alle Morgen neu und groß. Ich will dir auch dafür danken, daß Menschen da sind, die mich in meiner Krankheit pflegen und mir zur Seite stehen. Sie helfen mir so selbstverständlich. Hilf mir, daß ich ihnen die Pflege nicht erschwere, sondern ihnen manchen Gang erspare. Laß mich täglich ein dankbares Wort für sie haben. Gib ihnen die nötige Kraft für ihren schweren Dienst. Mache immer wieder junge Menschen bereit, daß sie die Krankenpflege lernen.

Reinhard Berggötz

Gute Besserung!

»Gute Besserung!«
Wie oft wurde mir das
in letzter Zeit gewünscht!
Wie froh bin ich,
daß es mir wirklich wieder besser geht!

Ich muß noch langsam tun.
Einen Schritt nach dem andern.
Immer wieder muß ich
innehalten und Atem holen.
Die großen Stufen sind mir noch zu steil.
Früher konnte ich zwei Stufen
auf einmal nehmen.
Das geht jetzt noch nicht.
So nehme ich eben eine kleine Stufe
nach der anderen.
Noch bin ich nicht oben
an der Treppe angelangt.
Hauptsache, es geht aufwärts.

Herr, laß mich das Atemholen nicht vergessen,
gib mir die Kraft für jeden nächsten Schritt.

Es geht wieder aufwärts

Es geht von Tag zu Tag mehr aufwärts. Hab Dank, du treuer Gott, dafür. Bald bin ich wieder ganz gesund. Bald stehe ich wieder in meiner Familie. Bald kann ich auch wieder arbeiten. Hilf mir, daß ich nicht wieder alles vergesse, was du mir getan hast und was ich von dir empfangen habe während meiner Krankheit. Zu Hause wollen wir wieder das Tischgebet einführen. Unsere Hausbibel soll wieder zu ihrem Recht kommen. Am Sonntag will ich Zeit haben für dich und im Gottesdienst dich mit der Gemeinde loben und preisen. Schon in der Frühe des Morgens will ich zu dir rufen. Gib zum Wollen das Vollbringen.

Lobe den Herrn meine Seele, und vergiß nicht, was er dir Gutes getan hat. (Psalm 103,2)

Reinhard Berggötz

Tod

Herr, lehre mich doch,
daß es ein Ende mit mir haben muß
und mein Leben ein Ziel hat
und ich davon muß.

Psalm 39,5

Alle Trauernden warten auf Trost

Wir denken an alle,
die einen Menschen verloren haben
und ohne diesen Menschen
weiterleben müssen.

Alle Trauernden warten,
warten auf Trost.
Du aber füllst alles Warten mit Hoffnung,
ohne die kein Mensch leben kann.
Du nimmst den Tod deiner Menschen ernst.
Du machst alles Leben immer wieder lebenswert.

Aber das Warten
bestimmt auch weiter unser Leben:
Wir warten auf das Glück oder auf einen Freund,
warten auf ein freundliches Wort
oder auf einen Besuch,
warten auf die Lösung eines Konflikts,
warten auf eine Lehrstelle
oder auf einen Studienplatz,
warten auf Arbeit oder auf Sicherheit im Alter,
warten auf Gesundheit oder Erfolg im Beruf,
warten auf Beförderung oder auf mehr Lohn,
warten auf Menschen,
die uns vergessen haben,
warten auf Verständigung
oder auf gute Zusammenarbeit,
warten auf Zeit,
die wir nicht haben,
warten auf Frieden
an immer neuen Brandherden der Erde.
Das Warten bestimmt unser Leben.

Du aber
kannst alles Warten mit Hoffnung füllen,
mit Hoffnung,
die uns den wachen Umgang mit der Zeit lehrt,
die uns die Aufgaben des Tages
nüchtern sehen läßt,
damit das Warten auf bessere Tage
nicht unsere Tagesarbeit blockiert
und uns hoffnungslos macht.

Alle Zeit
steht in deinen Händen.
Wir warten auf dein neues Jahr.
Wir warten auf deine Gegenwart,
die allein unsere Gegenwart lebenswert macht.
Wir warten auf deine Zukunft,
die allein unsere Zukunft
hoffnungsvoll macht.

Gebet am Totenbett

Dieser Mensch war mir lieb.
Jetzt ist er tot.
Trauer erfüllt mich.
Ich weiß,
daß Selbstsucht in dieser Trauer ist,
aber das Wissen macht mich nicht froh.
Mein Verstand begreift:
Ich sehe diesen geliebten Menschen nicht wieder.
Doch etwas ist in mir,
das nicht begreifen kann.
Nie-wieder und Niemals-wieder:
Das schlägt mich zu Boden.
Ich suche keinen Trost,
denn selbst guter Trost
wäre nur ein schlechter Ersatz für diesen Menschen,
den ich geliebt habe.
Ich kann den Tod nicht begreifen.
Ich bin allein
und erwarte ohne Hoffnung
den eigenen Tod.
Bis dahin wird die Zeit, wie man sagt,
die Schmerzen lindern.
Das aber ist der schlechteste Trost
von allen, die denkbar sind.
Vielleicht, Herr,
vielleicht hast du einen Trost,
der nicht denkbar ist.
An solchen Trost möchte ich blindlings glauben.
Denn er wäre stärker als der Tod.

Zeige mir, Herr,
den undenkbaren Trost.
Dann will ich Amen sagen,
was ich jetzt nicht kann.

Eckart Kroneberg

Tod und Ewigkeit

Herr, deine Güte reicht so weit der Himmel ist.

Ich hebe meine Augen auf zu den Bergen.
Woher kommt mir Hilfe?
Meine Hilfe kommt vom Herrn,
der Himmel und Erde gemacht hat.
Er wird deinen Fuß nicht gleiten lassen,
und der dich behütet, schläft nicht.
Der Herr behüte dich vor allem Übel,
er behüte deine Seele.
Der Herr behüte deinen Ausgang und Eingang
von nun an bis in Ewigkeit!

Herr, deine Güte reicht so weit der Himmel ist.

Aus Psalm 121

Laß uns Frucht bringen

Herr, es ist ein schweres Geheimnis, daß wir sterben müssen. Wir strecken uns aus nach dem Licht des Lebens und spüren den Atem deiner Schöpfung.

Doch wie die Blume auf dem Felde am Morgen blüht und gegen Abend verdorrt, so schwindet auch die Kraft unseres Lebens. Der Tod geht wie ein Schatten mit uns. Wir hören deinen Ruf: Kommt wieder, Menschenkinder!

Herr, dein Wort vom Weizenkorn will uns helfen, das Geheimnis des Sterbens zu begreifen: Du hast dein Leben in den Tod gegeben, damit wir vom Tod zum Leben finden. In der Auferstehung haben wir Anteil an der Frucht deines Sterbens.

Herr, wir müssen uns darum nicht krampfhaft ans irdische Leben klammern. Wir dürfen es loslassen, wenn du es willst. Hilf uns zum Sterben und zum Leben, Herr, laß uns Frucht bringen in deinem Namen.

Gebet eines Menschen, der einen Todkranken zu betreuen hat

Herr Gott!
Du hast mir eine Aufgabe zugewiesen,
die manchmal über meine Kräfte geht.
Ich kann sie nicht leisten ohne deine Hilfe.
Warum muß dieser Mensch, den ich zu versorgen habe,
sich so quälen?
Es ist oft nicht mit anzusehen.
Warum wird noch so viel an ihm getan, um sein
Leben zu verlängern, von dem er doch nichts mehr hat?
Kann man ihn nicht in Ruhe sterben lassen?
Solche Gedanken machen mir schwer zu schaffen.
Denn ich hänge an diesem Kranken.
Ich weiß und fühle, wie sehr er mich braucht.
Ich kann ihm manche Erleichterung verschaffen.
Ohne mich wäre sein Leiden wohl unerträglich.
Darum kann ich ihn nicht im Stich lassen.
Herr, hilf mir, meine Widerstände zu überwinden.
Ich habe es hier nicht nur mit körperlicher, sondern
auch mit seelischer Not zu tun.
Er quält sich mit Vermutungen über seinen Zustand.
Er möchte wissen, wie es um ihn steht.
Ich möchte ihm richtige Antworten geben.
Ich möchte ihn nicht belügen,
ihm aber auch nicht alle Hoffnung nehmen.
Zeige mir den rechten Weg.
Dein Wort gibt Hoffnung über den Tod hinaus.
Gib, daß ich meinem Kranken auch davon
etwas vermitteln kann.

Hans Graf von Lehndorf

Gebet eines Todkranken

Du weißt es, Herr. Der Arzt weiß es. Meine Angehörigen wissen es. Und nun weiß ich es auch. Ich muß sterben. Nicht heute und nicht morgen, aber in kurzer Zeit. Es gibt für mich keine Hilfe mehr auf Erden.

Wie habe ich mich vor dieser Gewißheit gefürchtet! Nacht für Nacht habe ich gebetet, die Krankheit möge nicht zum Tode führen. Mein Leben war eine einzige Ruhelosigkeit und Qual. Auch das weißt du, Herr.

Aber jetzt, nachdem die Entscheidung gefallen ist, bin ich ganz ruhig. Das ist merkwürdig. Ich wundere mich darüber, denn ich muß ja sterben. Oder bin ich durch den Schlag, den die Gewißheit mir versetzt hat, nur betäubt? Herr, ich bitte dich, erhalte mir die Ruhe! Wenn du in deinem Sohn Jesus Christus bei mir bist, kann ich ruhig sein. Der Tod ist schrecklich, aber er ist nicht das Letzte. Du bist es. Du bist der Erste und der Letzte. Und wo du bist, da ist das Leben und die Wahrheit. Das hat der Auferstandene uns gesagt.

Herr, ich möchte so gern, daß die Menschen, die in diesen Tagen um mich sind, etwas von der Getrostheit spüren, die du mir schenkst. Laß doch mein Sterben zu einem Zeichen für deine Gegenwart werden, zu einem Zeichen für deine Liebe, deine Treue, dein Erbarmen.

Herr, hab Erbarmen mit uns allen!

Manfred Hausmann

Nun bitten wir den Heiligen Geist

Nun bitten wir den Heiligen Geist
um den rechten Glauben allermeist,
daß er uns behüte an unserm Ende,
wenn wir heimfahrn aus diesem Elende.

Du wertes Licht, gib uns deinen Schein,
lehr uns Jesum Christ kennen allein,
daß wir an ihm bleiben, dem treuen Heiland,
der uns gebracht hat zum rechten Vaterland.

Du süße Lieb, schenk uns deine Gunst,
laß uns empfinden der Liebe Brunst,
daß wir uns von Herzen einander lieben
und im Frieden auf einem Sinn bleiben.

Du höchster Tröster in aller Not,
hilf, daß wir nicht fürchten Schand noch Tod,
daß in uns die Sinne nicht verzagen,
wenn der Feind wird das Leben verklagen.

Erste Strophe aus dem 13. Jahrhundert
zweite bis vierte Strophe von Martin Luther

Laßt mich gehn, laßt mich gehn

Laßt mich gehn, laßt mich gehn,
daß ich Jesum möge sehn!
Meine Seele ist voll Verlangen
ihn auf ewig zu umfangen
und vor seinem Thron zu stehn.

Süßes Licht, süßes Licht,
Sonne, die durch Wolken bricht:
o wann werd ich dahin kommen,
daß ich dort mit allen Frommen
schau dein holdes Angesicht?

Ach wie schön, ach wie schön
ist der Engel Lobgetön!
Hätt ich Flügel, hätt ich Flügel,
flög ich über Tal und Hügel
heute noch nach Zions Höhn.

Wie wirds sein, wie wirds sein,
wenn ich zieh in Salem ein,
in die Stadt der goldenen Gassen?
Herr, mein Gott, ich kanns nicht fassen,
was das wird für Wonne sein.

Paradies, Paradies,
wie ist deine Frucht so süß!
Unter deinen Lebensbäumen
wird uns sein, als ob wir träumen:
bring uns, Herr, ins Paradies.

Gustav Knak (1806–1878)

Trauer

Wir bitten dich für die Hinterbliebenen,
führe sie heraus aus der Enge des Fragens,
führe ihnen Menschen zu, die ihnen weiterhelfen;
führe du sie weiter, wo sie sich allein fühlen.

Hans Roser

Leid tragen

Jesus, du hast gesagt:
»Selig sind, die da Leid tragen;
denn sie sollen getröstet werden.«

Trauern,
über einen Verlust weinen,
bitter werden, verzweifeln,
die Hoffnung begraben –
mit allen, die das kennen,
bitte ich dich:
Schenke uns neuen Mut,
neues, ewiges Leben.
Hilf uns lachen,
auch unter Tränen.

Aus dem Dankesbrief eines Vaters

Nun hat er uns verlassen, unser geistig behinderter Sohn. Die Lücke, die er hinterließ, empfinden wir schmerzlich, denn ein großer Teil des Tagesablaufs in unserer Familie war ihm gewidmet.

Gewiß, wir haben in den 24 Jahren, die er bei uns war, viele Opfer bringen müssen in bezug auf Freizeitgestaltung, bei Theater- und Konzertbesuchen. Auch konnten meine Frau und ich kaum gemeinsam Urlaub machen; gelegentlich fanden sich Verwandte, die ihn für diese Zeit zu sich nahmen. Auch manche Arztrechnung zahlte die Krankenkasse nicht. Die tägliche Pflege forderte von der Mutter und Hausfrau viel Zeit und noch mehr Geduld.

Doch wenn wir zurückschauen, dann müssen wir sagen: Herr, für all dieses wurden wir reich belohnt durch seine große Liebe und Anhänglichkeit zu uns, durch seine Dankbarkeit für alles, was wir ihm geben und für ihn tun konnten ...

Wir danken dir, Herr, daß er unser war.

Auf dem Friedhof

Eifrig sind die Menschen hier damit beschäftigt, die Gräber ihrer Verstorbenen zu pflegen. Ist es Liebe zu den Verstorbenen? Wollen sie gut machen, was sie einst versäumt haben an ihren Toten, als diese noch lebten? Wollen sie die Toten festhalten auf unserer Erde?

Heiliger und barmherziger Gott, ich bitte dich: Vergib mir, was ich versäumt habe an Menschen, die nicht mehr unter uns sind. Stärke in mir die Gewißheit, daß wir, die Lebenden und die »Toten«, verbunden sind in dir. Nimm auch die auf in dein Reich, die sich abgewandt haben von dir oder die nie zu einem bewußten Glauben gekommen sind.

Herr, gib ihnen die ewige Ruhe
und das ewige Licht leuchte ihnen!

Am Grab

Allmächtiger Gott, barmherziger Vater, der du durch Jesus Christus den Tod überwunden und das Leben wiedergebracht hast: Wir danken dir für alle Barmherzigkeit und Treue, die du dem Verstorbenen in seinem Leben erwiesen hast. Wir danken dir auch für alle Liebe, die du uns durch ihn hast zuteil werden lassen. Schenke uns die Gewißheit, daß du unser Vater bist, auch wenn wir dein Tun nicht begreifen. Den Verstorbenen befehlen wir deiner Gnade an. Tröste alle Verlassenen und nimm dich aller Einsamen an. Laß deine Güte und Treue walten über uns Kindern. Lehre uns, Herr, bedenken, daß wir sterben müssen, auf daß wir klug werden.

Lutherische Agende

Tod eines jungen Mannes

Allmächtiger Gott,
Herr über Leben und Tod,
wir finden keine Antwort auf die Frage,
warum Leid und Krankheit in dieser Welt sind.
Wir können dich nur bitten,
gib denen, die daran zu tragen haben,
die Kraft, damit fertig zu werden.
Wecke in uns den Glauben,
daß du unser Bestes willst
und uns in deiner Gemeinschaft
vollenden wirst.

Wir verlassen uns auf dich,
auferstandener Jesus Christus,
daß du dich denen besonders zuwendest,
die mühselig und beladen sind.
Wir hoffen auf den Heiligen Geist,
daß er uns erfülle
in der Gemeinschaft mit dem Herrn
und untereinander.

Hans Roser

Nach einem Unfall

Herr, allmächtiger Gott,
der schwere Unfalltod,
den unser Bruder erlitten hat,
bedrückt uns alle schwer.
Wir können keinen Sinn sehen
in dem, was da geschehen ist.

Wir bitten dich,
schütze uns davor, zu meinen,
der Zufall sei da am Werke.
Dein guter Wille wirkt auch dort,
wo wir nichts mehr verstehen.

Wir bitten dich,
hilf uns einzusehen,
daß unseren menschlichen Möglichkeiten
enge Grenzen gesetzt sind.

Laß uns achthaben auf die Menschen
hinter den Maschinen und Motoren.

Wir bitten dich,
wecke von neuem unser Verantwortungsbewußtsein;
stärke erneut unseren Einfallsreichtum,
damit wir die Möglichkeiten,
die die Technik uns bietet,
beherrschen und verbessern.

Wir bitten dich für die Hinterbliebenen
des Verunglückten:
führe sie heraus aus der Enge des Fragens;
führe ihnen Menschen zu, die ihnen weiterhelfen;
führe du sie weiter, wo sie sich allein fühlen.

Hans Roser

Nach einem sinnlosen Unfall

Himmlischer Vater,
erhalte uns den Glauben an dein väterliches Walten,
auch wenn es uns schwerfällt
angesichts des sinnlosen Unfalls,
den wir beklagen.
Erhalte den Glauben an dein väterliches Walten
vor allem den Angehörigen des Verunglückten,
die der Tod völlig überrascht hat.

Wir vertrauen deiner Barmherzigkeit,
daß du den Mann,
der so plötzlich aus unserer Mitte gerissen wurde,
väterlich bei dir aufnehmen
und ihn vollenden wirst.

Erhalte den Glauben an dein väterliches Walten,
damit wir unsere Tage aus deiner Hand nehmen
und dir zurückgeben als dein anvertrautes Gut,
wenn du uns rufst zu dir.

Hans Roser

Tod eines Schuldigen

Allmächtiger, ewiger Gott,
am Sarge eines Menschen,
der einem schrecklichen Verkehrsunfall
zum Opfer gefallen ist,
sammeln wir unsere Gedanken vor dir.

Wir hoffen zu dir,
daß du auch am Verstorbenen wahr machst,
was du versprochen hast durch Christus,
nämlich barmherzig zu sein.

Wir beten zu dir
für die trauernden Angehörigen,
daß in dieser schweren Erschütterung
Glaube, Vertrauen und Zuversicht
sie von neuem erfüllt.

Wir fragen vor dir,
was wir lernen müssen,
um die Möglichkeiten, die die Technik uns bietet,
so zu nutzen,
daß wir einander helfen können
und nicht schaden müssen.

Wir versprechen vor dir,
daß wir nicht nach Schuld suchen
und keine Vorwürfe machen wollen,
sondern dankbar sind für das Gute
und sorgsam umgehen mit dem,
was uns gegeben ist.

Hans Roser

In hohem Alter

Herr Gott,
Herr über Leben und Tod,
Herr der Lebenden und der Gestorbenen,
du hast dieses Leben lange dauern lassen unter uns,
du hast den Wunsch der Verstorbenen erfüllt
und ihr ein schnelles Ende
in Frieden bereitet;
du hast sie in der Nähe ihrer Angehörigen
und ihre Verwandten in ihrer Nähe gehalten,
du hast ihr die Gnade geschenkt,
hinzunehmen, was sie nicht ändern konnte,
dazusein, wo sie gebraucht wurde,
wach und frisch zu sein, solange ihr Atem ging.

Das alles ist uns Grund,
dir zu danken.
Für deine Treue,
für deine Nähe,
für deine Güte.

Wir danken dir,
daß deine Zeit länger währt als unsere Zeit.

Wir danken dir,
daß du unsere Zeit einfließen läßt
in deine Ewigkeit,
die keinen Anfang hat
und kein Ende nimmt:
Du, ewiger Gott,
der sich uns mitteilt
in Jesus Christus.

Hans Roser

Nach schwerem Leiden

Allmächtiger Gott,
barmherziger Vater!
Am Sarge eines Menschen,
der viele Jahre schwer krank war,
bitten wir dich:

Laß uns erkennen,
wie kostbar das Gut der Gesundheit ist.
Damit wir dankbar werden!
Damit wir bewußt leben!
Damit wir lernen, dieses Gut zu pflegen!

Wir bitten dich für den Verstorbenen:
Erweise auch an ihm deine Treue!
Laß ihn deine Barmherzigkeit erfahren!
Zeige ihm, daß du verläßlich und barmherzig bist!
Nimm ihn auf in deine Ewigkeit!
Gleiche aus, was ihm hier gefehlt hat,
heile, was hier krank war,
vollende, was hier unvollkommen gewesen ist.

Laß unser Leiden hier
seinen Sinn finden
in deiner Ewigkeit!

Hans Roser

Nach langer Krankheit

Herr, wir danken dir,
daß du dem Verstorbenen
die Ausdauer gegeben hast,
sein Leiden geduldig zu tragen,
die Kraft, freundlich zu sein gegen jedermann,
bereit zur Hilfe für die Gemeinschaft,
in der er lebte.

Wir hoffen zu dir,
daß du den Verstorbenen
geborgen hast in der Gnade,
die allen, die an Jesus glauben,
das ewige Leben schenkt.

Wir bitten dich, tröste alle,
die den Verstorbenen vermissen.

Erinnere uns alle daran,
daß keiner von uns weiß,
wann du ihn aus diesem Leben
abrufen wirst.

Hans Roser

Selbstmord

Allmächtiger Gott, Vater Jesu Christi:
Was haben wir, die wir den Verstorbenen kannten,
falsch gemacht, daß er so einsam werden konnte?
Vergib uns, was wir ihm schuldig geblieben sind.

Du bist der einzige,
der durchschaut, was in den Herzen
der Menschen vorgeht.
Bringe uns ab davon,
verkehrt zu grübeln und zu fragen.

Deinem gnädigen Urteil vertrauen wir,
wenn wir an den Verstorbenen denken,
der aus dem Leben geschieden ist.

Du bist der einzige,
der die Kraft zum Leben bis in Ewigkeit stärkt.
Bringe uns ab davon,
aus eigener Kraft das Leben meistern zu wollen.
Dir vertrauen wir uns von neuem an.
Mach uns frei von Selbstvorwürfen.
Mach uns frei zur neuen Aufmerksamkeit füreinander.
Mach uns frei von dem Gedanken,
wir kämen nicht mehr weiter.
Mach uns frei,
indem du uns fest an dich bindest.

Hans Roser

Gebet zur Aussegnung

Herr, unser Gott,
nun liegt der Mensch leblos vor uns,
den wir so lieb haben.

Wir hoffen zu dir,
daß du ihn bergen wirst
im Geheimnis deiner ewigen Gegenwart.
Denn Christus ist von den Toten auferstanden.

Wir danken dir
für die Gemeinschaft,
die wir bis zu dieser Stunde
mit dem Verstorbenen hatten.

Wir hoffen zu dir,
daß du ihm vollkommene Gemeinschaft schenkst.
Denn Christus hat ihn in deine Gemeinschaft gerufen.

Wir bitten dich:
Hilf unserem schwachen Glauben,
daß wir uns führen lassen an deiner Hand
und wissen:
du meinst es gut mit dem,
den du gerufen hast für immer.
Denn du bist barmherzig.
Du meinst es gut mit uns
auch im Schmerz der Trauer,
denn du willst das Leben.

Hans Roser

Vater unser ...

Vater unser im Himmel. Was ist das?

Gott will damit uns locken, daß wir glauben sollen, er sei unser rechter Vater und wir seine rechten Kinder, auf daß wir getrost und mit aller Zuversicht ihn bitten sollen wie die lieben Kinder ihren lieben Vater.

Martin Luther im »Kleinen Katechismus«

Das Gebet des Herrn
Ökumenische Fassung

Vater unser im Himmel.
Geheiligt werde dein Name.
Dein Reich komme.
Dein Wille geschehe,
wie im Himmel, so auf Erden.
Unser tägliches Brot gib uns heute.
Und vergib uns unsere Schuld,
wie auch wir vergeben unsern Schuldigern.
Und führe uns nicht in Versuchung,
sondern erlöse uns von dem Bösen.
Denn dein ist das Reich
und die Kraft und die Herrlichkeit
in Ewigkeit.

Darum

Laß uns das Vaterunser
wieder so wichtig nehmen,
wie es die ersten Jünger
empfinden mußten.
Darum sollt ihr also sprechen!
Du selber bist der Geber des Gebetes.
Du selber sprichst mit uns
als deinen Brüdern und Schwestern
Gott als Vater an.
Du nimmst uns mit ins Gebet.
Dir haben wir es zu verdanken,
daß wir Vater sagen dürfen.
Ach, was haben wir aus deinem
»Darum« gemacht.
So bitten wir dich denn,
wie sie damals baten:
Herr, lehre uns beten.

Heinrich Giesen

Vater

Vater im Himmel.
Du bist ja mein lieber Vater,
denn du hast deinen einzigen Sohn
für mich gegeben.
Darum wirst du nicht mit mir zürnen
noch mich verstoßen.
Du siehest meine Not und Schwachheit.
Darum wollest du mir helfen
und mich erretten.

Die Anrede

Deinen Jüngern hast du's zuerst erlaubt.
Über die Jünger hast du's uns erlaubt.
Laß uns dieses Gebet von dir
als ein immerwährendes Wunder beten,
daß wir tatsächlich deinetwegen
zu deinem Vater auch sagen dürfen:
Unser Vater. Um Christi willen unser Vater.
Damit sind alle unsere Wunschvorstellungen,
daß über unserm Sternenzelt
ein guter Vater wohnen müsse,
hinfällig geworden.
Du bist der Anlaß. Du bist der Grund.
Darum bewahre uns auch davor,
daß uns dein Gebet
wie ein Paternoster von den Lippen geht.
Laß unser Beten ernsthaft bleiben,
weil es ja nur in der Dankbarkeit
geschehen darf.
Du allein hast es uns ermöglicht zu sagen:
Unser Vater.
Und laß mich in der einsamen Stunde
vor dir, mein Herr und Heiland,
mit dir gemeinsam dieses »unser« sagen
dürfen und auch mit den Brüdern
und den Schwestern in aller Welt dieses
»unser«.
Denn die Vollmacht hast du allen gegeben,
die den Willen tun deines Vaters im Himmel.

Heinrich Giesen

Geheiligt

Wir danken dir, heiliger Herre Gott,
daß du deine Heiligkeit
nicht für dich behalten hast,
sondern verschenkst.
Als so beschenkte, als geheiligte,
als von dir herrlich gemachte Leute
laß uns dienen.
Denn du willst andere heiligen über uns.
Wie mag das zugehen – über mich?

Heinrich Giesen

Ich bitte Sie um Verzeihung

O Herr, es geht uns so schnell
von den Lippen:
». . . wie wir vergeben
unsern Schuldigern.«
Oft zu schnell.
Darum erschrak ich
bei dem Satz im Vaterunser.
Wann bitten wir denn die,
die wir verwundet haben,
uns persönlich die Schuld zu vergeben?
Oder setzen wir das
als selbstverständlich voraus?
Nichts ist selbstverständlich.
Sonst hätte es deiner Barmherzigkeit
und des Todes deines Sohnes nicht bedurft.
Denn wir ahnen ja nicht,
wie schwer die Sünde wiegt.
Darum, o Herr, gib mir den Mut,
den, den ich verletzte, aufzusuchen
und ihn zu bitten,
mir doch zu vergeben.

Heinrich Giesen

Dein Name

O Herr, nur die Magd
nannte noch deinen Namen in der Nacht,
da du verraten wardst.
Selbst Petrus
sprach von dir als »diesen Menschen«.
Laß mich deinen Namen
nicht unterschlagen.

Heinrich Giesen

Erlöse uns

Erlöse uns von dem Bösen.
Laß uns von dieser Erlösung alles halten.
Du schaffst es, daß mit dieser Erlösung
dein Reich kommt.
Dein ist das Reich.
Wir sind schon Teilhaber.
Welch eine Ermächtigung!

Heinrich Giesen

Glaubens-bekenntnisse

Wir werden geglaubt
von Gott dem Schöpfer
und Jesus Christus, dem Sohn,
und vom Heiligen Geist.

Heinrich Giesen

Das Apostolische Glaubensbekenntnis
Ökumenische Fassung

Ich glaube an Gott, den Vater, den Allmächtigen, den Schöpfer des Himmels und der Erde,

und an Jesus Christus, seinen eingeborenen Sohn, unsern Herrn, empfangen durch den Heiligen Geist, geboren von der Jungfrau Maria, gelitten unter Pontius Pilatus, gekreuzigt, gestorben und begraben, hinabgestiegen in das Reich des Todes, am dritten Tage auferstanden von den Toten, aufgefahren in den Himmel; er sitzt zur Rechten Gottes, des allmächtigen Vaters; von dort wird er kommen, zu richten die Lebenden und die Toten.

Ich glaube an den Heiligen Geist, die heilige christliche Kirche, Gemeinschaft der Heiligen, Vergebung der Sünden, Auferstehung der Toten und das ewige Leben.

Ich glaube, daß mich Gott geschaffen hat

Ich glaube, daß mich Gott geschaffen hat samt allen Kreaturen, mir Leib und Seele, Augen, Ohren und alle Glieder, Vernunft und alle Sinne gegeben hat und noch erhält;
dazu Kleider und Schuh, Essen und Trinken, Haus und Hof, Weib und Kind, Acker, Vieh und alle Güter; mit allem, was not tut für Leib und Leben, mich reichlich und täglich versorgt, in allen Gefahren beschirmt und vor allem Übel behütet und bewahrt;
und das alles aus lauter väterlicher, göttlicher Güte und Barmherzigkeit, ohn all mein Verdienst und Würdigkeit: für all das ich ihm zu danken und zu loben und dafür zu dienen und gehorsam zu sein schuldig bin.
Das ist gewißlich wahr.

Erklärung des ersten Glaubensartikels
von Martin Luther

Der Glaube an Jesus Christus

Ich glaube, daß Jesus Christus, wahrhaftiger Gott vom Vater in Ewigkeit geboren und auch wahrhaftiger Mensch von der Jungfrau Maria geboren, sei mein Herr,
der mich verlornen und verdammten Menschen erlöset hat, erworben, gewonnen von allen Sünden, vom Tode und von der Gewalt des Teufels; nicht mit Gold oder Silber, sondern mit seinem heiligen, teuren Blut und mit seinem unschuldigen Leiden und Sterben;
damit ich sein eigen sei und in seinem Reich unter ihm lebe und ihm diene in ewiger Gerechtigkeit, Unschuld und Seligkeit, gleichwie er ist auferstanden vom Tode, lebet und regieret in Ewigkeit.
Das ist gewißlich wahr.

Erklärung des zweiten Glaubensartikels
von Martin Luther

Vom Glauben an den Heiligen Geist

Ich glaube, daß ich nicht aus eigener Vernunft noch Kraft an Jesus Christus, meinen Herrn, glauben oder zu ihm kommen kann;
sondern der Heilige Geist hat mich durch das Evangelium berufen, mit seinen Gaben erleuchtet, im rechten Glauben geheiligt und erhalten; gleichwie er die ganze Christenheit auf Erden beruft, sammelt, erleuchtet, heiligt und bei Jesus Christus erhält im rechten, einigen Glauben;
in welcher Christenheit er mir und allen Gläubigen täglich alle Sünden reichlich vergibt und am Jüngsten Tage mich und alle Toten auferwecken wird und mir samt allen Gläubigen in Christus ein ewiges Leben geben wird.
Das ist gewißlich wahr.

Erklärung des dritten Glaubensartikels
von Martin Luther

Das Nicänum

Ich glaube an den einen Gott,
den Vater,
den Allmächtigen,
Schöpfer Himmels und der Erden,
all des, das sichtbar ist und unsichtbar.

Und an den einen Herrn Jesus Christus,
Gottes einigen Sohn,
der vom Vater geboren ist vor aller Zeit und Welt,
Gott von Gott,
Licht vom Licht,
wahrhaftiger Gott vom wahrhaftigen Gott,
geboren, nicht geschaffen,
mit dem Vater eines Wesens,
durch welchen alles geschaffen ist,
welcher um uns Menschen und um unserer Seligkeit willen vom Himmel kommen ist
und ist leibhaft worden durch den Heiligen Geist von der Jungfrau Maria
und Mensch worden,
auch für uns gekreuzigt unter Pontius Pilatus,
gelitten und begraben
und am dritten Tage auferstanden nach der Schrift
und aufgefahren gen Himmel
und sitzet zur Rechten des Vaters
und wird wiederkommen in Herrlichkeit,
zu richten die Lebendigen und die Toten,
des Reich wird sein ohn Ende.

Und an den Heiligen Geist,
der da ist Herr und macht lebendig,
der von dem Vater und dem Sohne ausgeht,
der mit dem Vater und dem Sohne zugleich angebetet
und zugleich geehrt wird,
der durch die Propheten geredet hat.
Und die eine heilige allgemeine apostolische Kirche.
Ich bekenne die eine Taufe zur Vergebung der Sünden
und warte auf die Auferstehung der Toten
und das Leben der zukünftigen Welt.

Konzil von Nicäa 325

Er ruft uns

Wir glauben an Gott, den ewigen Geist,
den Vater unseres Herrn Jesus Christus
und unseren Vater,
und wir bezeugen seine Taten:
Er ruft die Welten ins Dasein,
schafft den Menschen nach seinem eigenen Bild
und zeigt ihm den Weg
des Lebens und den Weg des Todes.
Er sucht in heiliger Liebe alle Menschen zu retten
von Ziellosigkeit und Sünde.
Er richtet Menschen und Völker
nach seinem gerechten Willen,
verkündet durch Propheten und Apostel.
In Jesus Christus, dem Mann von Nazareth,
unserem gekreuzigten und auferstandenen Herrn,
kam er zu uns und nahm teil an unserem Los,
überwindet Sünde und Tod
und versöhnt die Welt mit sich selbst.
Er verleiht uns seinen Heiligen Geist,
schafft und erneuert die Kirche Jesu Christi,
vereint in seinem Bund glaubende Menschen
aller Zeiten, Sprachen und Rassen.
Er ruft uns in seine Kirche,
damit wir Opfer und Freude der Nachfolge bejahen,
damit wir seine Diener sind im Dienst an Menschen,
damit wir das Evangelium aller Welt verkünden
und den Mächten des Bösen widerstehen,
damit wir teilhaben an Christi Taufe
und an seinem Tische essen,
damit wir mit ihm verbunden sind
in seinem Leiden und in seinem Sieg.

Er verspricht allen, die ihm vertrauen,
Vergebung der Sünden und Gnade die Fülle,
Mut im Kampf für Gerechtigkeit und Frieden,
seine Gegenwart in Anfechtung und Freude
und ewiges Leben in seinem Reich, das kein Ende hat.
Ihm sei Lob und Ehre, Ruhm und Macht.

Ich glaube so

Ich danke dir,
daß der Glaubensartikel
von deinem Heiligen Geist
ein Erfahrungsartikel werden kann.
Ich könnte mir sonst
mein Tun und Lassen,
mein Denken und Erkennen
nicht erklären.

Heinrich Giesen

Seine großen Taten

Wir glauben an Gott,
den Vater unseres Herrn Jesus Christus.
Er ist auch unser Vater.
Seine großen Taten bezeugen wir.
Er hat uns bis hierher bewahrt.
Er hat uns das Leben gegeben.
Auch wenn niemand an uns denkt,
sorgt er sich um uns.

Wir glauben an Jesus Christus.
In ihm kam Gott selber auf die Erde.
Er litt freiwillig für unsere Verzweiflung,
Angst und Tod.
Schande und Sterben nahm er auf sich,
unser heilloses Leben hat er geheilt.
Durch seine Auferstehung bleibt
die Zukunft in seiner Hand.

Wir glauben an Gott, den Heiligen Geist.
Er wirkt auch heute unter uns.
Er redet mit uns durch das Wort der Bibel.
Er sammelt und eint Gottes Volk in der Welt.
Zum Glauben hilft er uns und macht uns bereit
für die Ewigkeit Gottes.

Wir leben davon

Wir leben davon, daß Gott unser Vater ist. Das Weltall und unser Leben sind sein Werk. Er lenkt die Geschichte und ist auch mächtig, wo wir sein Wirken nicht wahrnehmen.

Wir leben davon, daß Gott in Jesus Christus Mensch wurde. Er lebte wie wir, doch er war ganz mit Gott verbunden. An ihm erkennen wir, wie einer dem anderen begegnen kann. Er ist getötet und begraben worden, aber wir wissen: Christus lebt. Bei ihm endet alle Schuld. Mit ihm hat Gott uns ein neues Leben geschenkt. Auch der Tod kann uns nicht von ihm trennen.

Wir leben davon, daß Gott uns durch seinen Geist hilft. Durch ihn will er alle Menschen in einer Kirche sammeln. Durch ihn gibt er uns Kraft zum Glauben und Mut, für Gerechtigkeit und Frieden einzutreten. Sein Reich ist unsere Hoffnung.

Heidelberg 1966

Diese Welt in seinen Händen

Ich glaube, daß ich nie allein bin.
Gott ist bei mir. Er ist mein Vater.
Er hat alles gemacht. Auch mich.
Ich glaube, daß Gott diese Welt
in seinen Händen hält.

Er hat seinen Sohn Jesus Christus
auf die Erde gesandt.
Um mich zu erlösen von Sünde und Schuld
ließ er sich ans Kreuz schlagen und töten.
Er ist wahrhaftig auferstanden und mein Bruder.

Ich glaube, daß der Geist Gottes uns verbindet.
Hinweg über Länder und Kontinente,
über Rassenunterschiede und Altersgrenzen.
Um mich her besteht
die große Gemeinde der Christen.
Ich gehöre zu ihr.
Ich glaube, daß ich mich nie soweit
von Gott entfernen kann,
daß es keinen Rückweg mehr gäbe.
Daß ich mich niemals so schrecklich in die Irre
verlieren kann,
daß Gott mich nicht wieder zu sich holen wollte.
Ich glaube, daß Gott für mich das Leben will
und nicht den Tod,
die Freude und nicht die Traurigkeit.
Daß er bei mir ist heute und bis in alle Ewigkeit.

Ich glaube

daß Gott aus allem, auch aus dem
Bösesten, Gutes entstehen lassen
kann und will. Dafür braucht er
Menschen, die sich alles zum Besten
dienen lassen.

Ich glaube,
daß Gott uns in jeder Notlage
soviel Widerstandskraft geben will,
wie wir brauchen. Aber er gibt sie
nicht im voraus, damit wir uns
nicht auf uns selbst, sondern allein
auf ihn verlassen. In solchem
Glauben müßte alle Angst vor der
Zukunft überwunden sein.

Ich glaube,
daß auch unsere Fehler und Irrtümer
nicht vergeblich sind, und daß
es Gott nicht schwerer ist, mit
ihnen fertig zu werden als mit
unsern vermeintlichen Guttaten.

Ich glaube,
daß Gott kein zeitloses Faktum ist,
sondern daß er auf aufrichtige Gebete
und verantwortliche Taten wartet
und antwortet.

Dietrich Bonhoeffer

Wunderbar geborgen

Von guten Mächten wunderbar geborgen,
erwarten wir getrost, was kommen mag.
Gott ist mit uns am Abend und am Morgen
und ganz gewiß an jedem neuen Tag.

Dietrich Bonhoeffer

Segen

Es segne und behüte uns Gott,
der Allmächtige und Barmherzige,
Vater, Sohn und Heiliger Geist.

Altchristlicher Segenswunsch

Der Herr sei vor dir,
um dir den rechten Weg zu zeigen.

Der Herr sei neben dir,
um dich in die Arme zu schließen
und dich zu schützen.

Der Herr sei hinter dir,
um dich zu bewahren
vor der Heimtücke böser Menschen.

Der Herr sei unter dir,
um dich aufzufangen, wenn du fällst,
und dich aus der Schlinge zu ziehen.

Der Herr sei in dir,
um dich zu trösten,
wenn du traurig bist.

Der Herr sei um dich herum,
um dich zu verteidigen,
wenn andere über dich herfallen.

Der Herr sei über dir,
um dich zu segnen.
So segne dich der gütige Gott.

4. Jahrhundert

Ohne Segen verdirbt die Zeit unseres Lebens

Herr, unser Gott, mit deinem Segen trägst und erträgst du uns.
Wir sind oft undankbar und vergeßlich.
Wir sind Menschen mit all unseren Schwächen und manchem Versagen.
Dein Segen ist dennoch Zeichen deiner Hinwendung und Liebe an uns.
Wenn du uns mit uns selbst allein läßt,
wenn du dich abwendest von uns, sind wir einsam und verlassen.
Darum bitten wir dich immer neu um deinen Schutz und Segen.
Ohne deinen Segen verdirbt die Zeit unseres Lebens und wird sinnlos mit all der Hektik und Betriebsamkeit, in die wir fliehen und in der wir uns verirren.
Allein dein Segen bringt Sinn in den dahineilenden Unsinn unseres Lebens.
Umgib uns täglich aufs neue mit deiner Liebe und deinem Segen und schließe, das bitten wir dich von ganzem Herzen, auch all unsere Lieben mit ein in deine Zuwendung an uns.
Laß uns selbst für andere zum Segen werden, damit sich nicht immer wieder alles nur um uns selbst dreht.
Bleibe bei uns mit deinem gütigen Segen und laß uns nie ins Bodenlose fallen.
Herr, unser Gott, wir danken dir für deinen Schutz und Segen.

Helmut Ludwig

Ach bleib mit deinem Segen bei uns

Ach bleib mit deiner Gnade
bei uns, Herr Jesu Christ,
daß uns hinfort nicht schade
des bösen Feindes List.

Ach bleib mit deinem Worte
bei uns, Erlöser wert,
daß uns – beid, hier und dorte –
sei Güt und Heil beschert.

Ach bleib mit deinem Glanze
bei uns, du wertes Licht,
dein Wahrheit uns umschanze,
damit wir irren nicht.

Ach bleib mit deinem Segen
bei uns, du reicher Herr;
dein Gnad und alls Vermögen
in uns reichlich vermehr.

Ach bleib mit deinem Schutze
bei uns, du starker Held,
daß uns der Feind nicht trutze
noch fäll die böse Welt.

Ach bleib mit deiner Treue
bei uns, mein Herr und Gott;
Beständigkeit verleihe,
hilf uns aus aller Not.

Josua Stegmann

Ohne Segen leben wir am Leben vorbei

Herr, wir möchten leben und fröhlich vor dir und den Mitmenschen sein.
Es ist uns oft die Tragik nicht bewußt, daß wir ohne deinen väterlichen Segen haarscharf am Leben und seinem Sinn vorbei existieren.
Ohne deinen Segen wird unser Leben zu einem bloßen Programm und zur lieblosen Routine.
Davor bewahre uns durch deinen Segen.
Dein Segen bringt unsere Dinge wieder zurecht vor dir.
Dein Segen hebt uns heraus aus Routine und Lieblosigkeit.
Dein Segen gibt uns auch die Geborgenheit, die wir in aller Unbehaustheit unserer Tage so sehr vermissen.
Dein Segen wird zur Mitte unseres Lebens, zur Achse, um die sich alles dreht.
Weil wir wissen, wie wichtig es ist, geborgen und behaust zu sein, damit wir solche Geborgenheit auch an andere weitergeben und überzeugend leben können, darum bitten wir dich: Nimm deinen Segen nicht von uns und entziehe uns, egal wie sehr wir uns in die Irre begeben, nie deinen Schutz und Segen, damit wir immer wieder aus unseren Abwegen zurückfinden zu dir.
Herr, darum segne und behüte uns und hülle uns ein in deine verzeihende, in Ordnung bringende Liebe.

Helmut Ludwig

Hilf mir und segne

Hilf mir und segne meinen Geist
mit Segen der vom Himmel fließt,
daß ich dir stetig blühe!
Gib, daß der Sommer deiner Gnad
in meiner Seelen früh und spat
viel Glaubensfrücht erziehe.

Mach in mir deinem Geiste Raum,
daß ich dir werd ein guter Baum,
und laß mich Wurzel treiben;
verleihe, daß zu deinem Ruhm
ich deines Gartens schöne Blum
und Pflanze möge bleiben.

Erwähle mich zum Paradeis
und laß mich bis zur letzten Reis'
an Leib und Seele grünen:
so will ich dir und deiner Ehr
allein und sonsten keinen mehr
hier und dort ewig dienen.

Paul Gerhardt

Friede sei mit diesem Haus

Unsere Hilfe steht im Namen des Herrn,
der Himmel und Erde gemacht hat.

Herr, höre unser Gebet,
laß unser Rufen zu dir kommen.
Friede sei mit diesem Hause und allen,
die darin wohnen.

Abendsegen

Der Herr behüte dich vor allem Übel,
er behüte deine Seele;
der Herr behüte deinen Ausgang und Eingang
von nun an bis in Ewigkeit!

Führe und leite mich

Führe mich, o Herr, und leite
meinen Gang nach deinem Wort;
sei und bleibe du auch heute
mein Beschützer und mein Hort.
Nirgends als von dir allein
kann ich recht bewahret sein.

Meinen Leib und meine Seele
samt den Sinnen und Verstand,
großer Gott, ich dir befehle
unter deine starke Hand.
Herr, mein Schild, mein Ehr und Ruhm,
nimm mich auf, dein Eigentum.

Deinen Engel zu mir sende,
der des bösen Feindes Macht,
List und Anschlag von mir wende
und mich halt in guter Acht,
der auch endlich mich zur Ruh
trage nach dem Himmel zu.

Heinrich Albert 1604–1651

Komm und segne uns

Herr, wir bitten: Komm und segne uns,
lege auf uns deinen Frieden.
Segnend halte Hände über uns.
Rühr uns an mit deiner Kraft.

In die Nacht der Welt
hast du uns gestellt,
deine Freude auszubreiten
in der Traurigkeit,
mitten in dem Leid,
laß uns deine Boten sein.

In den Streit der Welt
hast du uns gestellt,
deinen Frieden zu verkünden,
der nur dort beginnt,
wo man wie ein Kind
deinem Wort Vertrauen schenkt.

Herr, wir bitten: Komm und segne uns,
lege auf uns deinen Frieden.
Segnend halte Hände über uns.
Rühr uns an mit deiner Kraft.

Peter Strauch

Bleibe bei uns, Herr

Bleibe bei uns, Herr, denn es will Abend werden, und der Tag hat sich geneiget. Bleibe bei uns und bei deiner ganzen Kirche. Bleibe bei uns am Abend des Tages, am Abend des Lebens, am Abend der Welt. Bleibe bei uns mit deiner Gnade und Güte, mit deinem Wort und Sakrament, mit deinem Trost und Segen. Bleibe bei uns, wenn über uns kommt die Nacht der Trübsal und Angst, die Nacht des Zweifels und der Anfechtung, die Nacht des bitteren Todes. Bleibe bei uns und allen deinen Gläubigen in Zeit und Ewigkeit.

Wilhelm Löhe

Haussegen

Herr Gott, von dem alles Gute seinen Anfang und Ursprung hat, durch dessen Segen allein unser Leben und Werk gedeihen kann: wir bitten dich um deinen Segen für dieses Haus und alle, die darin wohnen. Weihe es durch die heilige Gegenwart deines guten Geistes und mache seine Bewohner reich durch die Gaben deiner Hand. Entzünde an dem reinen Lichte deiner Wahrheit die Lichter der Freude und laß in dunklen Stunden das tröstliche Licht deiner Erbarmung scheinen. Segne dieses Haus, daß es eine Stätte sei, da dein Name geheiligt wird und dein Wille geschieht durch unsern Herrn Jesum Christum.

Dein Segen führe und geleite uns

Herr, wir gehen oft unsere eigenen Wege und fragen so wenig nach deinem Weg und Geleit.
Wir bitten dich aufs neue um deine Wegweisung und um dein Geleit auf unserem Lebensweg.
Es gibt Dinge, denen wir kleingläubig aus dem Weg gehen, weil uns der Mut fehlt, Verantwortung und Einstehen für uns und andere, die darauf warten, daß wir sie nicht im Stich lassen, zu übernehmen.
Herr, mache uns Mut zum Dienst und zur Liebe für andere.
Schenke uns die rechte Demut, die Mut zum Dienst ist.
Laß über unserem Tun und Handeln, über unserem Lebensweg und Lebenslauf deinen Segen leuchten.
Von deiner Liebe und deinem Segen leben wir.
Laß uns stets aufs neue in Verantwortung vor dir leben und schenke uns deinen Segen zu unserem Tun.
Sei auch heute und morgen wieder bei uns mit deinem zurechtbringenden Segen, damit unser Lebensweg zum richtigen Ziel führt.

Helmut Ludwig

Segen

Der Herr
segne dich und behüte dich!

Der Herr
lasse sein Angesicht leuchten über dir
und sei dir gnädig!

Der Herr
erhebe sein Angesicht auf dich
und gebe dir Frieden!

4. Mose 6, 24–26

Quellenverzeichnis

1. *Seite 12* aus: Johannes Dienemann. Ich rede mit ihm. Agentur des Rauhen Hauses. Hamburg 1976.
2. *Seite 13* siehe Nr. 1.
3. *Seite 14* aus: Augustinus. Gib mir ein Herz, das an dich denkt. Verlag Neue Stadt. München ^{2}1987. S. 36.
4. *Seite 15* aus: Mit ihm reden. Herausgegeben von Jürgen Boeckh. CZV-Verlag. Berlin 1975.
5. *Seite 16* aus: Klara Bühler. Minuten der Sammlung. Verlag J. Pfeiffer. München 1961.
6. *Seite 17* aus: Hans Storck. Dein ist der Tag. Bitt- und Dankgebete. Furche Verlag. Hamburg 1962.
7. *Seite 18* aus: Im Alltag beten. Hrsg. von Christian Zippert mit Werner Kahns und Hartmut Löwe. Johannes Stauda Verlag. Kassel 1980. S. 52. © Lutherisches Verlagshaus.
8. *Seite 19* aus: Nr. 1.
9. *Seite 20* aus: Nr. 1.
10. *Seite 21* aus: Nr. 7. S. 42.
11. *Seite 22* aus: Nr. 7. S. 56.
12. *Seite 23* aus: Nr. 5.
13. *Seite 26* aus: Dom Helder Camara. In deine Hände, Herr. Verlag Neue Stadt. München ^{2}1988. S. 44f.
14. *Seite 27* aus: Nr. 3. S. 50.
15. *Seite 28* aus: Nr. 3. S. 66.
16. *Seite 29* aus: Nr. 3. S. 19.
17. *Seite 30* aus dem Evangelischen Kirchengesangbuch (künftig zitiert als EKG) Nr. 384 mit Genehmigung des Verbandes evangelischer Kirchenchöre Deutschlands.
18. *Seite 31* aus: Nr. 1.
19. *Seite 32* aus: Gebete des Neuen Testaments. Hrsg. von Wilhelm Dittmann. CZV-Verlag. Berlin 1980.
20. *Seite 33:* Manfred Seitz / Friedrich Thiele. Wir beten. Gebete für Menschen von heute. MBK-Verlag Bad Salzuflen und Schriftenmissions-Verlag Gladbeck 1967. S. 71. © Aussaat-Verlag.

20 a *Seite 34* aus: Walter Nigg. Gebete der Christenheit. Agentur des Rauhen Hauses. Hamburg 1950. S. 191.

21. *Seite 37* aus: »Danke«. BE 214. Rechte Gustav Bosse Verlag. Regensburg.
22. *Seite 38* aus: Nr. 3 S. 80
23. *Seite 39* aus: Heute mit Luther beten. Hrsg. von Frieder Schulz. Gütersloher Verlagshaus Gerd Mohn. Gütersloh 1978. S. 38. © Frieder Schulz, Heidelberg.
24. *Seite 40* aus: Nr. 3 S. 55.
25. *Seite 41* aus: Nr. 20a.
26. *Seite 43* aus: EKG Nr. 509. Siehe Nr. 17.
27. *Seite 44* aus: Wenn ihr euch versammelt. Bekenntnisse und Gebete. Jugenddienst-Verlag. Wuppertal 1974. S. 50.
28. *Seite 45* aus: Stationen-Gebete im Krankenhaus. Hrsg. von Ulrich Honecker, Gottfried Lutz und Helga Vollmer. Quell Verlag, Stuttgart 4 1984.
29. *Seite 46* aus: Peter Helbich. Gottesdienstgebete zum Kirchenjahr. Gütersloher Verlagshaus Gerd Mohn. Gütersloh, 2. Auflage 1988.
30. *Seite 47* aus: Johann Calvin. Gebete. © Chr. Kaiser. München 1940.
31. *Seite 48* aus: Mit ihm reden. Gebete für junge Menschen. Hrsg. von Karl-Arnd Techel. Berlin 1977.
32. *Seite 49* aus: Wachet und betet. Hrsg. von Günter Bezzenberger und Christian Zippert. Johannes Stauda Verlag. Kassel 1970. S. 45.
33. *Seite 50* aus: Peter Helbich. Glaube ist wie das Lied eines Vogels am Morgen. Claudius Verlag. München 1985. S. 7.
34. *Seite 52* aus: Nr. 20. S. 128.
35. *Seite 53* aus: Mein Gebetbuch. Hrsg. von Siegfried Heinzelmann. Sonnenweg-Verlag. Neuffen 1980. S. 29.
36. *Seite 54* aus: Nr. 23. S. 1.
37. *Seite 53* aus: Hilde Hofmann. Gespräche mit Ihm und Dir. Brunnen- und Brunnquell Verlag.
38. *Seite 57* aus: Gib Leben. Neue evangelische Gebete zu Tod und Leben. Hrsg. von Hans Wulf. Neukirchener Verlag. Neukirchen-Vluyn, 2. Auflage 1974. S. 43.
39. *Seite 58* aus: Jörg Zink. Wie wir beten können. Kreuz Verlag. Stuttgart Berlin 1975.
40. *Seite 59* Rechte: Hänssler-Verlag. Neuhausen-Stuttgart.

41. *Seite 60* aus: Nr. 33. S. 47.
42. *Seite 62* aus: Nr. 3. S. 73.
43. *Seite 63*. EKG. Nr. 119. Siehe auch Nr. 17.
44. *Seite 64*. EKG. Nr. 283. Siehe auch Nr. 17.
45. *Seite 65*. EKG. Nr. 236. Siehe auch Nr. 17.
46. *Seite 67* aus: In dir ist Freude. Hrsg. von Konrad Rauh. Freimund Verlag. Neuendettelsau 1980. S. 379.
47. *Seite 68* aus: Nr. 37.
48. *Seite 70*. EKG. Nr. 42, Verse 6–15. Siehe auch Nr. 17.
49. *Seite 71* aus: Willy Grüninger/Erwin Brandes. Das Wort für heute. Verlag Junge Gemeinde. Stuttgart 1969. S. 87.
50. *Seite 72*. Rechte: Hänssler-Verlag. Neuhausen-Stuttgart.
51. *Seite 73*. EKG. Nr. 336. Siehe auch Nr. 17.
52. *Seite 74*. EKG. Nr. 367. Siehe auch Nr. 17.
53. *Seite 75* aus: Oskar Loy. In dir bin ich geborgen. Kawohl-Verlag. 4230 Wesel 1981.
54. *Seite 77* aus: Nr. 35. S. 73.
55. *Seite 78* aus: Hartwig Lohmann. Dir kann ich alles sagen. Agentur des Rauhen Hauses. Hamburg 1976. S. 22.
56. *Seite 80*. EKG. Nr. 274. Siehe auch Nr. 17.
57. *Seite 81* aus: Nr. 7. S. 71.
58. *Seite 82* aus: Nr. 55. S. 40.
59. *Seite 85* aus: Laß uns in dir geborgen sein. Gebete für ältere Menschen. Hrsg. von Gerhard Timmer. Gütersloher Verlagshaus Gerd Mohn. Gütersloh 1977. © Gerhard Timmer, Meersburg.
60. *Seite 86* aus: Nr. 30.
61. *Seite 88* aus: Nr. 20. S. 127.
62. *Seite 89* aus: Nr. 3. S. 69.
63. *Seite 90* aus: Nr. 3. S. 102.
64. *Seite 91* aus: Nr. 20. S. 150.
65. *Seite 92* aus: Kurt Wolff. ... es ist nicht zu fassen ... Fürbittengebete oder öffentliche Reden mit Gott. Neukirchener Verlag. Neukirchen-Vluyn, 2. Auflage 1980. S. 47.
66. *Seite 93* aus: Nr. 7. S. 80.
67. *Seite 94* aus: Nr. 23. S. 20.
68. *Seite 95* aus: Nr. 3. S. 29.
69. *Seite 96*. EKG. Nr. 389. Siehe auch Nr. 17.

70. *Seite 97.* EKG. Nr. 139. Siehe auch Nr. 17.
71. *Seite 98* aus: Nr. 23. S. 11.
72. *Seite 100* aus: Nr. 3. S. 42.
73. *Seite 101* aus: Heinrich Giesen. Minutengebete. Kreuz Verlag. Stuttgart 1974. S. 50.
74. *Seite 102* aus: Nr. 73. S. 158.
75. *Seite 103* aus: Nr. 3. S. 43.
76. *Seite 104* aus: Nr. 73. S. 60.
77. *Seite 105* aus: Nr. 3. S. 62.
78. *Seite 106* aus: Nr. 73. S. 78.
79. *Seite 108* aus: Nr. 73. S. 114.
80. *Seite 109* aus: Neues Evangelisches Gebetbuch. Hrsg. von Hans Wulf. Neukirchener Verlag. Neukirchen-Vluyn, 2. Auflage 1979. S. 116.
81. *Seite 110* aus: Nr. 80. S. 102.
82. *Seite 112* aus: Nr. 73 S. 21.
83. *Seite 113* aus: Nr. 23. S. 15.
84. *Seite 114* aus: Nr. 30.
85. *Seite 116* aus: Nr. 73. S. 248.
86. *Seite 117* aus: Peter Spangenberg. Mit Gott reden. Gütersloher Verlagshaus Gerd Mohn. Gütersloh 1971. S. 101. © Peter Spangenberg, Leck.
87. *Seite 118* aus: Nr. 65. S. 61.
88. *Seite 120* aus: Nr. 73. S. 88.
89. *Seite 121* aus: Nr. 73. S. 117.
90. *Seite 122* aus: Nr. 86. S. 53.
91. *Seite 123* aus: Nr. 73.
92. *Seite 124* aus: Nr. 59. S. 11.
93. *Seite 125* aus: Nr. 38. S. 64.
94. *Seite 126* aus: Nr. 6.
95. *Seite 128* aus: Nr. 3. S. 38f.
96. *Seite 129* aus: EKG. Nr. 294. Siehe auch Nr. 17.
97. *Seite 130* aus: Nr. 13. S. 42.
98. *Seite 131* aus: EKG. Nr. 299. Siehe auch Nr. 17.
99. *Seite 134* aus: Harre auf Gott. Rufer Verlagsbuchhandlung. Essen 1973. S. 12.
100. *Seite 136* aus: Nr. 1.
101. *Seite 137* aus: Nr. 7.

102. *Seite 138* aus: Nr. 38.
103. *Seite 139* aus: Nr. 38. S. 6.
104. *Seite 140* aus: Nr. 3. S. 126f.
105. *Seite 142–144* aus: Nr. 37. S. 53.
106. *Seite 145* aus: Nr. 28.
107. *Seite 146* aus: Nur den Betern kann es noch gelingen. Hrsg. von Richard Bochinger. Rufer Verlagsbuchhandlung. Gütersloh 1956. S. 91. © Richard Bochinger.
108. *Seite 147* aus: Nr. 38. S. 39.
109. *Seite 148* aus: Nr. 59.
110. *Seite 149* aus: Nr. 55. S. 20.
111. *Seite 151* aus: Nr. 23. S. 17.
112. *Seite 152* aus: EKG. Nr. 106. Siehe auch Nr. 17.
113. *Seite 153* aus: Nr. 23. S. 9.
114. *Seite 154* aus: Nr. 23. S. 40.
115. *Seite 155* aus: EKG. Nr. 63. Siehe auch Nr. 17.
116. *Seite 156* aus: Nr. 35.
117. *Seite 157* aus: Peter Helbich. Gott wohnt nicht im blauen Himmel. GTB Siebenstern. Gütersloher Verlagshaus Gerd Mohn. Gütersloh 1976. S. 64 aus dem Gebet »Krankheit«. © Peter Helbich.
118. *Seite 158* aus: Nr. 99. S. 14.
119. *Seite 159* aus: Nicht allein. Krankengebete. Sonnenweg-Verlag. Konstanz.
120. *Seite 160* aus: Nr. 99.
121. *Seite 161* aus: Nr. 119.
122. *Seite 162* aus: Nr. 38.
123. *Seite 163* aus: Nr. 4.
124. *Seite 164* aus: Nr. 99.
125. *Seite 165* aus: Nr. 28. S. 24.
126. *Seite 166* aus: Nr. 119.
127. *Seite 167* aus: Nr. 28.
128. *Seite 168* aus: Nr. 28.
129. *Seite 169* aus: Nr. 28.
130. *Seite 170* aus: Nr. 119.
131. *Seite 171* aus: Nr. 28.
132. *Seite 172* aus: Nr. 119.
133. *Seite 174* aus: Nr. 65. S. 66f.

134. *Seite 176* aus: Nr. 38. S. 66.
135. *Seite 178* aus: Mit ihm reden. Gebete zu den Wochensprüchen des Kirchenjahres. Hrsg. von Johannes Hanselmann und Benedikt Graf von Traut. 3. völlig überarbeitete Auflage, Berlin 1981.
136. *Seite 179* aus: Nr. 38. S. 55.
137. *Seite 180* aus: Nr. 38. S. 33.
138. *Seite 181*. EKG. Nr. 99. Siehe auch Nr. 17.
139. *Seite 183* aus: Hans Roser. Zum Leben erlöst. Sonnenweg-Verlag. Konstanz. S. 107.
140. *Seite 184* aus: Nr. 7. S. 75.
141. *Seite 185* aus: Füreinander – Miteinander von Hermann Multhaupt. Friedrich Pustet. Regensburg 1981.
142. *Seite 186* aus: Nr. 4.
143. *Seite 187* aus: Agende für die Evangelische Kirche in Kurhessen und Waldeck. Band IV. Das Begräbnis. Evangelischer Presseverband für Kurhessen-Waldeck. Kassel 1974.
144. *Seite 188* aus: Nr. 139.
145. *Seite 189* aus: Nr. 139. S. 107.
146. *Seite 190* aus: Nr. 139.
147. *Seite 191* aus: Nr. 139.
148. *Seite 192* aus: Nr. 139.
149. *Seite 193* aus: Nr. 139.
150. *Seite 194* aus: Nr. 139.
151. *Seite 195* aus: Nr. 139.
152. *Seite 196* aus: Nr. 139.
153. *Seite 199* aus: Nr. 73. S. 23.
154. *Seite 200* aus: Nr. 99. S. 6.
155. *Seite 201* aus: Nr. 73. S. 28.
156. *Seite 202* aus: Nr. 73. S. 118.
157. *Seite 203* aus: Nr. 73. S. 266.
158. *Seite 204* »Dein Name« aus: Nr. 73. S. 102.
159. *Seite 204* »Erlöse uns« aus: Nr. 73. S. 35.
160. *Seite 205* aus: Nr. 73. S. 154.
161. *Seite 212* aus: Nr. 27. S. 4.
162. *Seite 213* aus: Nr. 73. S. 159.
163. *Seite 214* aus: Nr. 27. S. 6.

164. *Seite 215* aus: Nr. 32. S. 46.
165. *Seite 216* aus: Nr. 27. S. 9.
166. *Seite 217* aus: Mitte des Lebens. Geborgenheit. Verlag Emil Müller. Wuppertal 1976. S. 34.
167. *Seite 218* aus: Dietrich Bonhoeffer. Widerstand und Ergebung. © Chr. Kaiser. München.
168. *Seite 222* aus: EKG. Nr. 208. Siehe auch Nr. 17.
169. *Seite 224* aus: EKG. Nr. 371. Siehe auch Nr. 17.
170. *Seite 225* aus: Christliches Hausbuch. Walter Lotz. Johannes Stauda Verlag. Kassel.
171. *Seite 226* aus: EKG. Nr. 345. Siehe auch Nr. 17.
172. *Seite 227* aus: Peter Strauch. Songs junger Christen. Bd. 2. Rechte: Hänssler-Verlag, Neuhausen-Stuttgart.
173. *Seite 228* aus: Nr. 20a.
174. *Seite 229* aus: Nr. 170.